ये आकाश मेरा भी है

(नारी संचेतना का सशक्त धारावाहिक नाटक)

ये आकाश मेरा भी है

डॉ. रमेश चन्द्र गुप्त

वाणी प्रकाशन ग्रुप
भारतीय ज्ञानपीठ
वाणी प्रकाशन : भारतीय ज्ञानपीठ की पुस्तकों के एकमात्र प्रकाशक एवं वितरक

सजिल्द पहला संस्करण : 2021
सजिल्द द्वितीय संस्करण : 2023
सजिल्द तृतीय संस्करण : 2025

लोकोदय ग्रन्थमाला : ग्रन्थांक 1464

4695, 21-ए, दरियागंज, नयी दिल्ली-110 002
फ़ोन : 011-23273167, 23275710
ईमेल : sales@vaniprakashan.in

ये आकाश मेरा भी है

(नाटक)

डॉ. रमेश चन्द्र गुप्ता

ISBN : 978-93-5775-024-0

मूल्य : **295**

मुद्रक : *सिटी प्रेस, दिल्ली-110 095 में मुद्रित*

YE AAKASH MERA BHI HAI

(Play)

***by* Dr. Ramesh Chandra Gupta**

प्रात : वंदनीय गुरूश्रेष्ठ डॉ. योगेन्द्रनाथ शर्मा 'अरूण' जी
को
विनम्र समर्पण

कृति समर्पित गुरुवर मेरे,
प्रभु से ऊँचा मान।
हो कर्मशील नित लेखनी,
दें गौरवमय वरदान।

तपे सूर्य–सम शिष्य यह,
हो सत्–साहित्य प्रकाश।
त्याग, तपस्या, प्रेम का,
मन में हो आकाश।

–डॉ. रमेश गुप्त 'मिलन'

'ये आकाश मेरा भी है' –

धरती का सच होता स्वप्न

नाट्यशास्त्र ये कहता है, कि ऋग्वेद् से शब्द, यजुर्वेद से अभिनय, सामवेद से गान, अथर्ववेद से रस लेकर ललित कलात्मक नाट्यवेद की रचना ब्रह्मा ने की है। दार्शनिकों ने इस संसार को रंगमंच कहा, जहाँ हम सभी अपना अभिनय, अपनी भूमिका का निर्वाह करते हैं। सच तो यही है कि हमारी भाव भंगिमाएँ, संवाद ऐसे तत्व हैं जो जीवन से जुड़े हैं और हमारी अभिव्यक्ति का आधार हैं। इस दृष्टि से हर व्यक्ति अभिनेता है और नाटक के लिए पात्र के रूप में रंगमंच पर अपने आपको दुहराता है।

भारत के संदर्भ में संस्कृत नाटकों की पर परा, साहित्य और सामाजिक जीवन में अत्यंत प्रभावशाली रही है। कवि कुलगुरू कालिदास और भास के नाटकों की ये पर परा आधुनिक संस्कृत नाटकों तक प्रवहमान है। हिन्दी रंगमंच के संदर्भ में समकालीनता की जिस धरती पर नाटक उतरा, उसके रचनाकार हैं, भारतेन्दु हरिश्चन्द्र। देश और समाज की तत्कालीन परिस्थितियों को इस नाटककार ने अपना विषय बनाया, उसके बाद पारसी थिएटर ने एक बार फिर नाटक को संगीत और लय से जोड़ा और एक रूमानी संसार रचा। भिखारी ठाकुर के लोक नाटकों ने समाज की कुरीतियों पर प्रहार किए। जयशंकर प्रसाद के ऐतिहासिक नाटकों ने नए अर्थ खोजे और हिन्दी रंगमंच, नाट्य साहित्य (लेखन) के नए क्षितिज अनावृत होते गए। इप्टा ने रंगमंच और नाटक को समाज मन से जोड़ा और रंगमंच के साथ-साथ, नाटक चल कर नुक्कड़ों और चौराहों पर देखा जाने लगा। और फिर इस बीच रेडियो के आगमन से जो नाटक अब तक देखे और पढ़े जाने तक सीमित थे, उन्हें रेडियो सैट पर सुना जाने लगा। दृश्यों को ध्वनियों व संगीत प्रभावों से संयोजित किया जाने लगा। आचार्य चतुरसेन शास्त्री का 'राधाकृष्ण' हिन्दी का पहला रेडियो नाटक माना जाता है।

नाटक की इसी दृश्य-श्रव्य पर परा में कई महत्वपूर्णा नाटक देखे और सुने गए। कई महत्वपूर्ण नाटककारों ने जयशंकर प्रसाद से लेकर मंटो, कृष्णचंदर, सेठ गोविंददास, लक्ष्मीनारायण लाल, धर्मवीर भारती, मोहन राकेश, सुरेन्द्र वर्मा जैसे कई नाटककारां ने नाट्यविद्या को न केवल समृद्ध किया बल्कि उसे नए रंग और रूप से भी संवारा सजाया।

इसी पर परा के पथिक हैं डॉ. रमेश चन्द्र गुप्ता। उनका लिखा नाटक 'ये

आकाश मेरा भी है' उस सामाजिक ताने बाने को बुनता और उधेड़ता है जिसकी आवश्यकता आज के परिवेश में सबसे अधिक अनुभव की जा रही है। 'बुनता' और 'उधेड़ता' इस लिए कि एक ओर जहाँ इस नाटक में समाज जीवन में व्याप्त स्त्री-पुरूष असमानता, बेटे-बेटी में फर्क किया जाना, जैसी समस्या को रेखांकित किया है वहीं मनीषा, नताशा, श्रीधर, कमलकांत, डॉ. अखिलेश जैसे पात्र हैं, जो समस्या के समाधान की दिशा में सोचते हैं और मानसिक स्तर पर उनकी सोच की बुनावट भी वैसी ही है।

सुधा, दीपक, चौ. नफेसिंह जैसे पात्र हैं जो समस्याओं को जन्म देते हैं। इसे विड बना नहीं तो और क्या कहा जाए कि 'स्त्री' ही स्त्री की दुश्मन है। इस वाक प्रचार को सुधा बल देती दिखाई पड़ती है। मनीषा का संवाद है, "कभी-कभी मैं सोचती हूँ नताशा! हमारी माँ सौतेली माँ नहीं थी। लेकिन फिर भी हम बहनों और हमारे भाई में कितना फर्क करती थी... हमारा इकलौता भाई था मयंक, हम भी उससे बहुत प्यार करते थे,.. लेकिन म ी, म मी तो जैसे उसके पीछे पागल थी, उसके आगे हम लड़कियों को भाव ही नहीं देती थी।" नताशा- "ओल्ड ट्रैडिशनल इंडियन फैमिली, कॉमन स्टोरी। मैं समझ सकती हूँ तु हारे साथ क्या होता होगा-।"

मनीषा और नताशा के बीच का ये संवाद जैसे घर-घर की कहानी कह रहा है!! इसी क्रम में पिता श्रीधर का संवाद "तु हारी सब बात ठीक है, लेकिन अपनी मनीषा अभी बहुत छोटी है, पढ़ने-लिखने में कितनी होशियार है वो और वो क्या... अपनी तो दोनों बेटियाँ पढ़ने लिखने में क्या और भी हर बात में एक्सपर्ट हैं। जब तक दोनों अच्छे से पढ़ लिख नहीं जातीं... मैं उनकी शादी नहीं करूँगा।"

इसमें कोई संदेह नहीं कि नाटक के ये पात्र जहाँ एक ओर समस्या को बयान कर रहे हैं। वहीं दूसरी ओर सामाजिक चेतना का स्वर भी स्पष्ट रूप से सुनाई देता है। नाटक का आर भ डॉक्टर के क्लीनिक में मनीषा और डॉक्टर निवेदिता के संवाद से होता है, जहाँ मनीषा बेटी होने के भय से अपना अबॉर्शन कराना चाहती है, उसका पति दीपक भी राजी है, फिर संवादों के बीच मनीषा को अजन्मी बेटी की आवाज स्वप्न में झखझोरती है, और विचार बदल जाता है।

अधिक लाड़ प्यार से बेटे किस तरह बिगड़ जाते हैं, इसे मयंक के रूप में उपस्थित किया गया है, जो दोस्तों के साथ मटरगश्ती करता है और एक दिन आवारागर्दी में पकड़ा जाता है। वहाँ पुलिस की भूमिका की ओर नाटककार का संकेत बहुत महत्वपूर्ण है जब इंस्पेक्टर कहता है... मैं तो इनके खिलाफ एफ.आई.आर दर्ज करने जा रहा था, लेकिन इनकी उम्र देखकर रूक गया, इन्होंने बताया कि ये अभी स्कूल में पढ़ते है, तरस आ गया मुझे इन पर एक बार एफ.आई.आर दर्ज हो गई तो जिंदगी भर के लिए दाग़ लग जाएगा।

स्त्री भ्रूण हत्या, समाज में लड़कियों की स्थिति, शिक्षा, सामान्य मध्य वर्ग की सोच और उनका पारिवारिक जीवन, गाँव की राजनीति और वहाँ का परिवेश, एन.जी.ओ और उनकी भूमिका, इन सबसे गुजरते हुए ये नाटक अंततः एक सकारात्मक सोच पर विराम लेता है।

डॉ. रमेश चन्द्र गुप्ता जी के इस धारावाकि नाटक की एक विशेषता यह भी है कि इसे रेडियो के साथ-साथ मंच पर भी प्रस्तुत किया जा सकता है। डॉ. मिलन ने साहित्य की विविध विधाओं में कविता, कहानी, नाटक, उपन्यास, बाल साहित्य में उपादेय एवं सार्थक लेखन किया है। आकाशवाणी एवं दूरदर्शन से रचनाओं का अनवरत प्रसारण, डेढ़ दर्जन से अधिक साहित्यिक कृतियों का प्रकाशन आपके बहुआयामी व्यक्तित्व एवं कृतित्व के प्रामाणिक साक्ष्य हैं। प्रस्तुत नाटक में डॉ. मिलन की भाषा एवं संवाद विषय के अनुरूप, प्रवाही और सहज हैं।

डॉ. रमेश चन्द्र गुप्ता जी द्वारा प्रणीत यह धारावाहिक नाट्य कृति चिंतन, मनन, मंथन योग्य तथा संग्रहणीय है। पारिवारिक एवं सामाजिक संस्कारों को संदेशित एवं सुवासित करती यह कृति बेटियों को भोर की ताजगी, चाँदनी की शीतलता, आँचल का दुलार एवं वात्सल्य की धनी छाया तो प्रदान करेगी ही साथ ही उन्हें कहने का साहस और विचार का नया संबल भी प्रदान करेगी।

नाटक (का शीर्षक) ''ये आकाश मेरा भी है'' नारी मन के सपनों की उड़ान को , उनकी इच्छा-आकांक्षा को सार्थक मनोबल प्रदान करता है।

शुभकामनाएँ।

डॉ. सुनील देवधर
पूर्व सहा. निदेशक (कार्यक्रम)आकाशवाणी,
पुणे

मनोगत

साहित्य मानव साधना का महान कल्पतरू है। साहित्य ही मानव स यता का वह प्रकाश स्तंभ है जिसके आलोक की रजत रश्मियों से जड़ता, मूढ़ता एवं अज्ञानता का अंधकार मिट जाता है।

नाटक साहित्य की अत्यधिक प्राचीन एवं लोकप्रिय विधा है जिसमें अभिनय, वार्तालाप, भाषण, संगीत, नृत्य, चित्रकला, मूर्तिकला, भवनकला, वस्त्र, आभूषण आदि कलाओं की पावन गंगा प्रवाहित होती है। रंगमंचीय नाटकों में पात्रों की भाव-भंगिमाएँ, मुद्राएँ, चेष्टाएँ प्रत्यक्ष एवं मनोहारी रूप से ऐसे प्रकट होती हैं कि दर्शक मंत्र-मुग्ध होकर उनमें तन्मय हो जाता है और एक चमत्कारपूर्णा अमिट प्रभाव उसके मन पर पड़ता है।

भरत मुनि ने नाटक की व्यापकता पर प्रकाश डालते हुए कहा है कि ऐसा कोई योग, कर्म, शास्त्र, कथा-शिल्प आदि नहीं जो नाटक में न पाया जाए-

न स योगो न तत्कर्म नाट्येऽस्मिन् यत्न दृश्यते।
सर्व शास्त्राणि शिल्पानि कर्माणि विविधानि च ॥

संस्कृत रंगमंच की समाप्ति के बाद मध्ययुग में रासलीला, रामलीला, नौटंकी आदि के रूप में लोकधर्मी नाट्य मंच सक्रिय रहा । समस्त भारत में किसी न किसी रूप में लोकमंच पर परा आज भी जीवित है।

नाटक विधा की श्रृंखला में 'ये आकाश मेरा भी है' धारावाहिक नाटक पर आधारित यह कृति मेरे जीवन के उन कटु अनुभवों एवं तथ्यों पर केंद्रित है जो मैंने बचपन से अब तक प्रत्यक्ष रूप से पारिवारिक एवं सामाजिक धरातल पर घटित होते देखे हैं। इस प्रकार विषय-क्षेत्र की दृष्टि से इस नाट्यकृति की कथावस्तु सामाजिक परिप्रेक्ष्य से ही संदर्भित है। मार्मिक प्रसंगों का चयन करके कथानक का प्रारंभ, मध्य एवं समापन संतुलित तथा व्यवस्थित रखते हुए उत्कृष्ट नियोजन का प्रयास किया गया है। प्रस्तुत नाटक में जिज्ञासा, कौतूहल, उत्सुकता वृद्धि कथा रस के अनिवार्य अंगों का समाविष्ट करते हुए प्रमुख पात्र मनीषा के चरित्र में मैंने स्वयं को एकाकार किया है। उसके द्वंद्व एवं अन्तर्द्वंद्व का चित्रण पाठकों/दर्शकों के मन मस्तिष्क को निश्चित रूप से उद्वेलित करेगा।

मनीषा, डॉ. नताशा, सुधा, मानसी, श्रीधर, डॉ. अखिलेश एवं चौ. नफेसिंह

आदि पात्रों के संवादों द्वारा मानवीय जीवन की व्या या और उदात्त

भावों का व्यापक और गहन विश्लेषण किया गया है। साधारणीकरण के गुणों के लिए सार्थक उपादेयता सिद्ध होगी, ऐसा मेरा विश्वास है।

सर्वप्रथम, इस धारावाहिक नाटक लेखन के प्रेरणास्रोत प्रसिद्ध कवि, लेखक, दूरदर्शन फिल्म निर्माता-निर्देशक श्री नंदन शर्मा के प्रति कृतज्ञता ज्ञापित करते हुए गौरवान्वित हूँ। आकाशवाणी दिल्ली के पूर्व सहायक निदेशक श्री गोपाल सक्सेना जी एवं कार्यक्रम अधिकारी चित्रा निगम जी के निर्देशन में मेरे अनेक एकांकी नाटकों का प्रसारण हुआ। नाट्य यात्रा में उनके सहयोग एवं संबल के लिए मन:पूर्वक उनका हार्दिक आभार।

इस नाटक की समीक्षा के लिए मनीषी, विद्वान, शिक्षाविद्, सुप्रसिद्ध साहित्यकार अपने पूज्य गुरुवर डॉ. योगेन्द्रनाथ शर्मा 'अरूण' जी को नमन करते हुए प्रभु से प्रार्थना करता हूँ कि उनके आशीर्वाद का प्रसाद मुझे आजीवन प्राप्त होता रहे, साथ ही आकाशवाणी पुणे के पूर्व सहायक निदेशक एवं प्रतिष्ठित साहित्यकार डॉ. सुनील देवधर जी द्वारा नाटक की विस्तृत विवेचना समीक्षा के लिए उनका शत-शत अभिनंदन!

लब्ध प्रतिष्ठित साहित्यकारों : श्री प्रीतम सिंह जी, श्री हृदयेश मयंक जी, श्री रमेश यादव जी, वीनु जमुआर जी, श्री संजय भारद्वाज जी, डॉ. अलका पोतदार जी आदि मेरी साहित्यिक यात्रा के अर्हनिश संबल हैं, विनत भाव से उनके प्रति कृतज्ञता ज्ञापित करता हूँ।

टाइ स ऑफ इण्डिया के पूर्व कार्यक्रम अधिकारी मेरे आत्मीय मित्र श्री स्वराज जैन का इस कृति के प्रकाशन में सखा भाव सहयोग के लिए अंत:करण की गहराइयों से अपना स पूर्ण प्रेम समर्पित करता हूँ। साथ ही भारतीय ज्ञानपीठ प्रबंधन का भी उदारतापूर्वक प्रकाशनार्थ शतशः धन्यवाद।

'ये आकाश मेरा भी है' पुस्तक निर्मिति में विशेष सहयोग के लिए परम प्रिय पुत्रवधु सौ. रूचि एवं सुपुत्र गौरव को मेरा हृदयगत स्नेह। नाटक लेखन के समय समृद्ध परामर्श एवं सार्थक समालोचना के लिए सहधर्मिणी श्यामलता को अशेष आत्मीयता।

अपनी लेखनी को विराम देते हुए इतना ही कहना अभीष्ट होगा कि मेरे देश की बेटियों की व्यथा-वेदना के प्रति समाज की मानसिकता एवं अंतर्चेतना का जागरण हो जाए तो मेरी यह नाट्य कृति 'सत्यमेव जयते' की गूंज के साथ धन्य हो जाएगी।

जीवन-जग को शुभाकांक्षाएँ !

डॉ. रमेश चन्द्र गुप्ता
(मिलन)

ये आकाश मेरा भी है

(पात्र-परिचय)

स्त्री पात्रः-

मनीषा - (मु य पात्र)
डॉ. नताशा - मनीषा की अंतरग सहेली
सुधा - मनीषा की माँ
मानसी - मनीषा की छोटी बहन
आशा - मानसी की सासू माँ
शारदा - मानसी की ननद
छुटकी - सेविका
रंजना - एन. जी. ओ. कर्मचारी
मालती - एन. जी. ओ. कर्मचारी
अन्य पात्र - डॉ. निवेदिता डॉ. पद्मजा, नर्स, रश्मि, सुजाता, विद्यालय की कुछ छात्राएँ।

पुरुष पात्रः-

दीपक - मनीषा का पति
कमलकांत - दीपक के पिता
बंटी - मनीषा का बेटा
मयंक - मनीषा का ाई
श्रीधर - मनीषा के पिता
राहुल - मानसी के पति
डॉ. अखिलेश - डॉ. नताशा के पति
महेश - एन. जी. ओ. कर्मचारी
चौ० नफेसिंह - आपरधिक प्रवृति का व्यक्ति

अन्य पात्र - सुधीर (वार्ड बॉय), बाबूराम (ऑफिस कर्मचारी), गोविंद (ऑफिस कर्मचारी), इंसपैक्टर सिसौदिया, जिलेसिंह, जुगनू, सरपंच, कुछ बच्चे।

ये आकाश मेरा भी है

(भाग-1)

दृश्य सं. 1

डॉक्टर का क्लीनिक

[पात्रः-मनीषा; डॉ. निवेदिता; सुधीर]

मनीषा : डॉक्टर अंदर हैं क्या?

सुधीर : जी हैं। पेशैन्ट देख रहीं हैं।

मनीषा : मुझे जरा अर्जैंट दिखाना है।

सुधीर : मैडम! आप अपनी ओ.पी.डी. फाईल मुझे दे दीजिये...और बैठ कर अपनी बारी का इंतजार कीजिये।

मनीषा : मुझे ज़रा जल्दी है।

सुधीर : मैडम! यहाँ सबको जल्दी है।

मनीषा : भैया! देखो, मैं ऑफिस से थोड़ी देर के लिये ही छुट्टी लेकर आई हूँ। प्लीज़! मुझे जाने दो...

सुधीर : मैडम! मैंने कहा ना...डॉक्टर अंदर मरीज़ देख रही हैं।...फिर आपसे पहले तो इन मरीज़ों का नंबर आयेगा जो आपसे पहले बैठे हैं।

मनीषा : भैया तुम!...देखो,...तो ठीक है (थोड़ा ग़ुस्से में)

(झटके-से दरवाज़ा खोलने की आवाज़)

सुधीर : अरे रे! मैडम! आप कहाँ जा रही हैं? रुकिये तो... डॉक्टर साहिबा ग़ुस्सा करेंगी...

(स्टूल खिसकने की आवाज़)

मनीषा : डॉक्टर!

डॉ. निवेदिता : यैस प्लीज़

मनीषा : डॉक्टर! मुझे थोड़ी जल्दी है। मैं ज़रा पहले दिखाना चाहती थी।

डॉ. निवेदिता : पर आप देख रही हैं...एक पेशैंट ऑलरेडी मेरे

सामने है। प्लीज़! वेट आऊट साईड। सुधीर! (पुकारती है)

सुधीर : मैम! मैं तो इन्हें रोक रहा था, लेकिन ये...

डॉ. निवेदिता : मान ही नहीं रही थीं।...देखिये, आप अपनी बारी पर आइये प्लीज़! ...सुधीर।

सुधीर : जी मैम!...(आवाज़ का संकेत समझते हुये) आइये मैडम! बाहर आ जाइये। मैंने तो आपसे पहले ही कहा था...(दरवाज़ा खुलने और बंद होने की आवाज़) मैडम जी! मैं आपकी परेशानी समझ रहा हूँ...लेकिन...देखिये, आपसे पहले दो ही पेशैंट तो हैं। आपका नंबर जल्दी आ जायेगा। डॉक्टर मैम पेशैंट देखने में ज्यादा टाईम नहीं लगाती हैं...आप...आप बैठिये ना...।

मनीषा : ठीक है (हताशा में)

[दृश्य परिवर्तन]

दृश्य सं. 2

[पात्रः-डॉ. निवेदिता; मनीषा]

डॉ. निवेदिता : हूँ, बताइये, क्या प्रॉब्लम है आपकी?

मनीषा : डॉक्टर! मुझे एवॉर्शन कराना है।

डॉ. निवेदिता : अवॉर्शन!! क्यों?

मनीषा : मैं अभी बच्चा नहीं चाहती।

डॉ. निवेदिता : मगर क्यों?

मनीषा : डॉक्टर! पहले से मेरा एक बेटा है। अभी तो वो ही बहुत छोटा है। मैं कैसे उसे संभाल रही हूँ...मैं ही जानती हूँ। आई एम ए वर्किंग वूमैन...अब ये दूसरा भी हुआ तो...

डॉ. निवेदिता : हूँ,...बेटा कितने साल का है?

मनीषा : चार से ऊपर का है।

डॉ. निवेदिता : चार से ऊपर का!! वो तो स्कूल जा रहा होगा। फिर क्या प्रॉब्लम है? दो बच्चों के जन्म में गैप तो ठीक है।

मनीषा : बात दो बच्चों के जन्म में गैप की नहीं है डॉक्टर! बात मेरे कैरियर की है। अभी-अभी मुझे मेरे ऑफिस में प्रमोशन मिली है। कई बड़े काम हैड-ऑफिस ने मुझे असाइन्ड किये हैं। अगर मैंने इन कामों की जि मेदारी ठीक से नहीं निभाई, तो मेरे आगे के कैरियर पर असर पड़ सकता है ना...

डॉ. निवेदिता : ओ! आई सी... तो सवाल तु हारे कैरियर का है।

मनीषा : यैस डॉक्टर! अगर मैं प्रैग्नैन्ट रही, तो कुछ भी गड़बड़ हो सकती है...फिर डिलीबरी के टाईम तो छुट्टी लेनी ही पड़ेगी और ये छुट्टी कब तक चले। क्या पता...

डॉ. निवेदिता : पर छुट्टियाँ तो तु हें कानूनन मिलेंगी।

मनीषा : मिलेंगी, लेकिन एक लिमिट तक। उसके बाद...डॉक्टर! अभी तो मेरे सीनियर्स...सब मेरे काम से कितने खुश हैं। कैरियर का कोई भी अगला मकाम मुझे जल्दी ही हासिल हो सकता है और बच्चा तो मैं...

डॉ. निवेदिता : कभी ी पैदा कर सकती हूँ...है ना (हल्के से हँसती है) यू आर टू मच ऐमबिशस...

मनीषा : कैरियर बनाना है, तो ऐमबिशस तो होना ही पड़ता है डॉक्टर!

डॉ. निवेदिता : ऐमबिशस होना कोई बुरी बात नहीं, लेकिन एक बात कहूँ मिसिज...(अटकती है) (याद करती हुई)

मनीषा : मिसिज मनीषा दुबे डाक्टर!

डॉ. निवेदिता : हाँ...मिसिज़ मनीषा दुबे। सब काम अपने समय से हो जाये, तो ही अच्छा होता है। आई थिंक...यू आर अबबथर्टी नाऊ। आगे चल कर तु हें कनसीव करने में प्रॉब्लम हो सकती है...

मनीषा : कैरियर का ग्राफ़ ऊपर उठाना है, तो कुछ रिस्क तो लेना ही पड़ेगा ना डाक्टर!

डॉ. निवेदिता : एज़ यू विश (थोड़ा लापरवाही से)। डॉक्टर हूँ–इसलिये, तु हें समझाना मेरा फर्ज बनता है। ठीक है...लैट मी सी योर ओ. पी. डी. फाईल (काग़ज़ पलटने की आवाज़) ऊँ...ऊँ...ऊँ... (पढ़ते हुये) अरे! तु हारी प्रैगनैंसी तो चार महीने से ऊपर की है। ये कैसे होगा? इस स्टेज पर तो अबॉर्शन थोड़ा रिस्की होगा...

मनीषा : पर डॉक्टर! मुझे तो अबार्शन कराना ही है।

डॉ. निवेदिता : ओ नो! मैं ये रिस्क नहीं लूँगी।

मनीषा : डॉक्टर! जब मुझे कोई प्रॉब्लम नहीं है, तो आपको क्यों प्रॉब्लम है?

डॉ. निवेदिता : क्योंकि मैं एक डॉक्टर हूँ।

मनीषा : देखिये डॉक्टर! इस काम के लिये मैं आपको कोई भी फीस देने को तैयार हूँ।

डॉ. निवेदिता : बात फीस की नहीं है मिसिज दुबे! बात मैडीकल प्रोफेशन के

उसूल की है।

मनीषा : मैं बड़ी उ मीद से आपके पास आई हूँ डॉक्टर!

डॉ. निवेदिता : अच्छा ठीक है। मैं ऐसा करती हूँ तु हें सीनियर गाइनाकॉलोजिस्ट डॉ. पद्‌मजा को रैफर कर देती हूँ। अगर वो ठीक समझेंगी...शी बिल डैफिनिटली हैल्प यू (काग़ज़ फड़फड़ाने की आवाज़) पर एक बात कहूँ जब तु हें बच्चा नहीं चाहिये था, तो तुमने गर्भ धारण किया ही क्यों? आजकल तो बाजार में तरह-तरह के गर्भ-निरोधक उपलब्ध हैं...तुम और तु हारे हसबैंड कोई भी प्रीकॉशन ले सकते थे।

मनीषा : डॉक्टर! हमने जानबूझ कर ऐसा नहीं किया। बस ऐसा हो गया...

डॉ. निवेदिता : चलो ठीक है। पर तु हें अबॉर्शन कराने की सूझी भी है, तो इतने दिनों बाद?

मनीषा : क्या करूँ डॉक्टर! मैं और मेरे हसबैंड कोई डिसीजन ही नहीं ले पा रहे थे।

डॉ. निवेदिता : ठीक है...ओके!...मैंने डॉक्टर पद्‌मजा को रैफर कर दिया है। तुम अभी उनसे मिल लो। वो इसी बिल्डिंग में दूसरे लोर पर कमरा न बर दो सौ चार में बैठती हैं ये रही तु हारी ओ.पी.डी. फाइल...

मनीषा : डॉक्टर! (संकोच में)

डॉ. निवेदिता : बोलिये

मनीषा : मैं डॉक्टर पद्‌मजा को मण्डे मिल सकती हूँ? क्या है...आज मैं ऑफिस से बस थोड़ी देर के लिये ही छुट्टी लेकर आई थी।

डॉ. निवेदिता : ओ श्योर! लाइये, अपनी ओ.पी.डी. फाइल। मैं इसके ऊपर उनका फोन नंबर लिख देती हूँ। तुम उनसे किसी भी दिन का अपॉइंटमैंट ले लेना। वैसे मैं उन्हें बोल भी दूँगी।

मनीषा : थैंक्यू डॉक्टर।

[दृश्य-परिवर्तन]

दृश्य सं. 3

[पात्र:-मनीषा; दीपक]

(रास्ते का शोर),

(सैल फोन की घंटी बजती है)

मनीषा : हैलो!...हॅलो (जैसे दूसरी तरफ की आवाज़ सुनाई ना दे रही हो)

दीपक : मनीषा!...मनीषा!...मैं दीपक बोल रहा हूँ...

मनीषा : हाँ...हाँ...तु हारा फोन नंबर और तु हारी आवाज–दोनों पहचानती हूँ मैं...

दीपक : क्या बात है बड़ा शोर आ रहा है?

मनीषा : रास्ते में हूँ। अभी-अभी नर्सिंग-होम से बाहर निकली हूँ

दीपक : ओ! [समझते हुये]...मैं पूछ रहा था डॉक्टर ने क्या कहा?

मनीषा : कहती है प्रैग्नैंसी चार महीने से ऊपर की है। अबॉर्शन रिस्की है।

दीपक : फिर?

मनीषा : डॉक्टर ने केस सीनियर डॉक्टर को रैफर कर दिया है। अगले वीक फिर आना पड़ेगा।

दीपक : आज क्यों नहीं दिखाया?

मनीषा : ऑफिस से थोड़ी देर के लिये ही छुट्टी लेकर आई थी।

दीपक : ठीक है...पर अगले वीक दिखाना ज़रूर है।

मनीषा : दीपक! तुमसे ज़्यादा वरिड हूँ। आई आलसो डोंट वांट ए गर्ल चाइल्ड। अच्छा तो ये होता मैं पहले अपना मैडीकल चैक-अप करवाती। पर वो इल्लीगल है। इसलिये, तु हारी माँ की बात पर ही भरोसा कर रही हूँ कि मेरे पेट में लड़की है। कहीं लड़का हुआ तो...

दीपक : जिन ज्योतिषी महाराज ने तु हें लड़की होने की बात कही है...माँ उनके पास वरसों से जाती हैं। उनकी बात कभी झूठ नहीं निकलती।

मनीषा : झूठ निकली तो?

दीपक : नहीं निकलेगी। मैं कह रहा हूँ ना।...पर एक बात बताओ...तुमने अबॉर्शन के लिये डॉक्टर से क्या कहा?

मनीषा : झूठ बोला। अपने कैरियर का बहाना बनाया (थोड़ा झुंझलाहट में)

दीपक : गुड!

मनीषा : क्या गुड। दीपक! कभी-कभी मुझे लगता है कि कहीं मैं कुछ गलत तो नहीं कर रही?

दीपक : मनीषा! डोंट बी गिल्टी-कॉनश्यस। देखो, इस बारे में हम दोनों

के बीच पहले ही काफ़ी बात हो चुकी है। अब पीछे नहीं हटना है।

मनीषा : ठीक है! ठीक है। ये बताओ तुम वापस कब आ रहे हो?

दीपक : अभी तो मैं लंदन में हूँ मनीषा! इसके बाद मैं नार्थ पटन जाऊँगा। वहाँ तीन-चार दिन का काम है। उसके बाद ही घर लौट पाऊँगा।

मनीषा : ठीक है। बट डोंट एक्सटैंड योर टुअर फर्दर...

दीपक : ओके।

[दृश्य परिवर्तन]

दृश्य सं. 4

मनीषा का ऑफिस

[पात्रः-मनीषा; बाबू राम]

(दरवाज़ा खुलने की आवाज़)

बाबू राम : मैडम जी! गरमा-गरम टी (ट्रे में प्याले के खड़कने की आवाज़) अदरक वाली...

मनीषा : रख दो

बाबू राम : क्या मैडम जी! आज तो आप अप्पुन की तरफ आँख उठा कर भी नहीं देख रहीं...क्या बात है आज काम कुछ ज्यादा है?

मनीषा : हाँ बाबू राम! है तो। पर ऐसा भी ज़्यादा नहीं है।

बाबू राम : तो मैडम जी! गरमा-गरम चाय पीजिये ना। अप्पुन बड़ी मौहब्बत से बना कर लाया। अरे! अक्खा ऑफिस में सब अप्पुन की चाय का बड़ी बेसब्री से इंतजार करते और आप हैं कि...

मनीषा : अच्छा भई! लाओ

बाबू राम : लो मैडम जी! (प्याला खड़कने की आवाज़) क्या बात है मैडम जी! आज आप कुछ उदास लग रही हैं। कोई परेसानी है क्या?

मनीषा : नहीं बाबूराम! ऐसी कोई बात नहीं।

बाबू राम : नहीं मैडम जी! कुछ तो है। वरना बाबू राम की चा आपके केबिन में एन्ट्री करे और आपके चेहरे पर मुस्कराहट ना आये...ऐसा तो हो नहीं सकता। मैडम जी! अप्पुन तो अक्खा द तर में आपकी मुस्कराहट की मिसाल देता घूमता है...और आप हैं कि...मैडम जी! (राजेश खन्ना के अंदाज में) आपका उदास चेहरा अच्छा नहीं लगता रे....

मनीषा : (खिलखिला कर हँसती है) बाबूराम! कोई किसी को हँसाना

सीखे, तो तुमसे सीखे। तु हारी ज़िदादिली देख कर तो मेरा मन गद्‌गद्‌ हो जाता है।

बाबू राम : और अप्पुन दूसरों को अपनी बात पर हँसते देख गद्‌गद्‌ हो जाता है।

मनीषा : (चाय सुड़कने की आवाज़) बाबू राम! एक बात पूछूँ?

बाबू राम : पूछिये मैडम जी!

मनीषा : तु हारे घर में कौन-कौन है?

बाबूराम : अप्पुन के घर में...मैडम जी! एक मेरी घरवाली और दो बेटियाँ।

मनीषा : दो-दो बेटियाँ!!!

बाबूराम : हाँ, पर इसमें चौंकने वाली कौन-सी बात है मैडम जी!

मनीषा : बाबूराम! तु हारे घर में दो-दो बेटियाँ हैं। फिर भी तुम कितने खुश रहते हो!

बाबूराम : क्या मैडम जी! जिनके घर में बेटियाँ होती हैं उन्हें खुश नहीं रहना चाहिये क्या?

मनीषा : मेरे कहने का ये मतलब नहीं था बाबूराम! मैं तो ये कहना चाह रही थी, अपनी बेटियों को लेकर तु हें कभी कोई फिक्र नहीं होती। कभी तु हें अफ़सोस नहीं होता कि बेटियाँ ना हो कर अगर तु हारे सिर्फ दो बेटे होते, तो कितना अच्छा होता।

बाबूराम : ये आप क्या कह रही हैं मैडम जी! बेटा हो या बेटी-सब उस ऊपर वाले की मेहरबानी है। उसका तोहफा है हमें। दोनों में से किसी के भी बग़ैर ये दुनियाँ चलती है क्या? फिर उनमें फर्क कैसा? ऊपर वाले ने बड़ी मौहब्बत से अप्पुन को बेटियाँ दी और अप्पुन ने भी बड़ी मौहब्बत से क़ुबूल किया।

मनीषा : बाबूराम! तुम बहुत ही अच्छे इंसान हो...लेकिन फिर भी बेटियाँ तो बेटियाँ हैं उनकी दस तरह की चिंता तो हमें करनी ही पड़ती हैं।

बाबूराम : आप जो कहना चाह रही हैं मैं समझ रहा हूँ मैडम जी! लेकिन ये सोच कर उनसे मुँह तो नहीं मोड़ा जा सकता ना। अप्पुन को भी अप्पुन की बेटियों को लेकर चिंता होती है, लेकिन ज्यादा चिंता इस बात की होती है, कि मैं उन्हें पढ़ा-लिखा कर किस तरह ज्यादा-से-ज्यादा काबिल बनाऊँ। किस तरह उन्हें इतना मज़बूत बनाऊँ कि वक्त के थपेड़े कभी उन्हें हरा ना सकें। मैडम जी! अप्पुन की बेटियाँ अप्पुन की जान हैं। अप्पुन के जिगर का

टुकड़ा हैं। अपुन का गुरूर हैं। वो अप्पुन के घर में हैं...इसलिये, तो अप्पुन हमेशा खुश रहता है।

मनीषा : गुड! बाबूराम! तु हारी बातें सुनकर तो मुझे बहुत ही अच्छा लग रहा है। मन तो कर रहा है तुमसे और बातें करूँ, लेकिन ये काम देख रहे हो...बाबूराम!

बाबूराम : जी मैडम जी।

मनीषा : अभी तुम चाय देने मिस्टर पराडगर के केबिन में भी जाओगे ना।

बाबूराम : जी मैडम जी! जाऊँगा...।

मनीषा : उनसे कहना वो ज़रा मेरे केबिन में आयें। मैं उन्हें बड़ी देर से ट्राई कर रही हूँ, लेकिन उनका फोन लग ही नहीं रहा है। शायद उनका इंटरकॉम खराब है....

बाबूराम : मैडम जी! मैं उन्हें बोल दूँगा। मैडम जी! मैं ये कप उठा लूँ?

मनीषा : हाँ...हाँ...उठालो।

(कप उठाकर प्लेट में रखने की आवाज़)

बाबूराम : अच्छा मैडम जी!

मनीषा : अच्छा! (दरवाज़ा खुलने और बंद होने की आवाज़)

मनीषा : (गहरी श्वाँस लेते हुये अपने आप से)...मुझसे बेहतर तो इस बाबूराम की सोच है। बेटियों को लेकर किसी तरह की कोई हीन-भावना नहीं है इसके मन में। एक मैं हूँ... ना जाने क्या हो गया है मुझे...बेटी पैदा होने की आशंका से ही इतना डर गयी हूँ कि...नहीं-नहीं...मेरी सोच ऐसी कैसे हो सकती है...पर दीपक भी तो यही चाहता है। तो क्या दीपक की चाह के लिये तू ऐसा कर रही है...क्या तेरी अपनी कोई सोच नहीं है...अभी तो तुझे ये भी पता नहीं है कि तेरे पेट में लड़का है या लड़की। अगर लड़का हुआ तो...लेकिन लड़की हुई, तो वो भी तो तेरा अंश ही होगी...कैसी माँ है तू? सिर्फ़ अपनी सुविधा के लिये तू अपने ही हाथों अपनी संतान की हत्या कर देगी। नहीं...नहीं (घबराकर)...ओ फ! कुछ समझ नहीं आ रहा है...मै क्या करूँ...ओ! (पीड़ा में भर कर)

दृश्य सं. 5

मनीषा का घर

[पात्रः-मनीषा; कमलकांत; नताशा; बंटी]

(दरवाजे की घंटी की आवाज़)

(दरवाज़ा ुलने की आवाज़)

मनीषा : गुड ईवनिंग पापा!

कमलकांत : गुड ईवनिंग बेटा!

बंटी : म मी! (उत्तेजित-सा) म मी आ गयी।

मनीषा : अरे रे मेरा बेटा (लाड़ में) आजा, मेरी गोद में आजा (चूमने की आवाज़)

कमलकांत : बहू! आज बड़ी देर कर दी आने में?

मनीषा : हाँ पापा! आज ऑफिस में थोड़ा काम ज़्यादा था। अरे बंटी! तेरे हाथ में चॉकलेट कहाँ से आई?

बंटी : नताशा आंटी ने दी।

मनीषा : नताशा आंटी!! वो कहाँ से आ गयी?

नताशा : जहाँ से वो आती है।

मनीषा : अरे नताशा! तू!! तू कब आई? पापा आप ने तो बताया ही नहीं?

कमलकांत : बेटा! अभी तो तू घर में दाखिल हुई है। बताते-बताते तो बताता ना।

मनीषा : नताशा! तू मुझे एक फोन कर देती। मैं ऑफिस से जल्दी आ जाती।

नताशा : ऑफिस में तुझे डिस्टर्ब करना मुझे अच्छा नहीं लगा। फिर मैं तो तेरे साथ दो-तीन दिन रहने के लिये आई हूँ।

मनीषा : अरे वाह! इट इज़ एक्साइटिंग। इसका मतलब...मेरा बीक एंड इस बार बहुत अच्छा जाने वाला है। पापा! आपने नताशा की कुछ खातिरदारी की?

कमलकांत : बहू! ये तो जब से आई है खुद ही रसोई में घुसी हुई है ये तो हमारी ही खातिरदारी करने में लगी हुई है। अभी-अभी कितना बढ़िया नाश्ता बना कर खिलाया है इसने।

मनीषा : नताशा! तू हमारी मेहमान है कि हम तेरे?

नताशा : मनीषा! मैं किसी फोर्मलिटी में नहीं पड़ती। तेरा घर...मेरा घर। अंकल जी ने बताया आंटी अपनी बहन के गयी हैं, तो मैंने रसोई संभाल ली। भई! मुझे तो बड़ी जोर की भूख लगी थी। क्या

करती अपना हाथ जगन्नाथ । अपने आप बनाया और खाया...

कमलकांत : और खिलाया भी...

नताशा : अंकल जी! आप ऐसे मत बोलिये। कौन-सा सामान कहाँ रक्खा है ये तो आप ही ने बताया ना...। मनीषा! अगर तुझे भूख लगी है, तो तेरे लिये भी नाश्ता लगा दूँ?

मनीषा : डॉक्टर नताशा! यू आर ग्रेट। इसमें पूछने की क्या बात है? पापा! नताशा जितनी अच्छी डॉक्टर है उतनी अच्छी कुक भी है।

कमलकांत : ये तो आज मैं मान गया।

मनीषा : बंटी बेटा! अब मेरी गोद में से उतरो। म मी! थोड़ा हाथ-मुँह धोले...

बंटी : म मी!...(ठिनकता है)

मनीषा : पापा! आपके कपड़े देख कर लग रहा है आप कहीं जा रहे हो?

कमलकांत : हाँ बेटा! मैं तो अपनी इवनिंग वॉक पर जाने के लिये तैयार हुआ था।

मनीषा : तो पापा! आज बंटी को भी अपने साथ ले जाइये ना। जा बेटा! दादा जी के साथ पार्क में जा ना...

कमलकांत : आ जा बेटा!...आँ...हाँ...(कपड़े की सरसराहट) ये हुई ना बात। चल...

बंटी : म मी! बाय!

मनीषा : बाय! (दरवाजा खुलने और बंद होने की आवाज़)

नताशा : मनीषा! तेरा नाश्ता...

मनीषा : नताशा! बस एक मिनट। मैं जरा ये अपना पर्स और ये फाईल कपाट में रख दूँ...थोड़ा फ्रैश हो लूँ।

नताशा : ओ श्योर...मनीषा! ये फाईल कैसी है? इस पर तो किसी नर्सिंग होम का नाम लिखा है। क्या कोई प्रॉब्लम है तुझे?

मनीषा : अरे नहीं-नहीं (अचकचा जाती है) ये तो बस यूँही...वो पिछले दो-चार दिन से नजला...खाँसी...जुकाम चल रहा था, तो जरा डॉक्टर को दिखाने चली गई थी...

नताशा : अरे! मुझे फोन कर लेती। मैं दवाई बता देती।

मनीषा : अब हर बात के लिये तुझे फोन करूँ...मुझे ठीक नहीं लगता।

नताशा : ठीक है। तेरी जैसी मर्ज़ी। अब जल्दी से जो करना है कर और आजा। मुझे तेरे साथ ही बैठ कर चाय पीनी है।

मनीषा : हे भगवान! (स्वगत)...जल्दी से ये फाईल कपाट में रख दूँ।

कहीं इसने ये फाईल ही माँग ली तो।...मैं नहीं चाहती इसे मेरी प्रैग्नैन्सी के बारे में पता चले।

नताशा : क्या सोचने लगी?

मनीषा : क...कुछ नहीं...। मैं आती हूँ ना...।

[दृश्य-परिवर्तन]

दृश्य सं. 6

मनीषा का घर

[पात्रः-नताशा; मनीषा; कमलकांत; बंटी]

(मनीषा और नताशा के हँसने की आवाज़)

नताशा : सचमुच मनीषा। क्या दिन थे वो।...और वो तुझे प्राची याद है...जो हमेशा दो चोटी बना कर आया करती थी।

मनीषा : कौन...वो...जिसका दुपट्टा एक बार हमने उसकी कुर्सी की पीठ से बांध दिया था। जब वो खड़ी हुई, तो गिर गई थी।

नताशा : हाँ-हाँ वही...

मनीषा : याद है...हम भी स्कूल में क्या-क्या शरारतें किया करते थे?

नताशा : मनीषा! कई बार मन करता है वो स्कूल वाले दिन फिर लौट कर आ जायें।

मनीषा : पर आ तो नहीं सकते ना।...नताशा! बातों-बातों में मैं तो भूल ही गई। जीजू कैसे हैं?

एकदम फर्स्ट क्लास।

मनीषा : कैसी चल रही है उनकी प्रैक्टिस?

नताशा : चल नहीं दौड़ रही है...पेशैन्टस की भीड़ लगी रहती है उनके पास।

मनीषा : और तेरी?

नताशा : मेरी भी ठीक चल रही है। लेकिन आजकल मैंने अपने को अपनी प्रैक्टिस पर कम अपने एन.जी.ओ. पर ज़्यादा ध्यान कनसंट्रेट किया हुआ है।

मनीषा : एन.जी.ओ.!!

नताशा : मनीषा! मैंने पीछे तुझे फोन पर बताया तो था। ज्ञान शक्ति पुंज नाम से महिलाओं के एज्यूकेशनल और इकाँनामिक डबलपमैंट के लिये मैं आजकल एक एन.जी.ओ. भी चला रही हूँ।

मनीषा : हाँ-हाँ बताया तो था तूने

नताशा : तो बस आजकल मेरी कंसन्ट्रेशन उसी पर लगी हुई है, शुरू में मुझे थोड़ी परेशानी आई, लेकिन अब ठीक चल रहा है।

मनीषा : मगर ये एन.जी.ओ. तूने खोला कहाँ है?

नताशा : अभी तो सब काम घर से ही चला रही हूँ। लेकिन सारा फील्ड वर्क गाँवों में रखा है। हरियाणा के एक गाँव में अभी एक ब्रांच खोली है। वहाँ अच्छा काम चल रहा है...

मनीषा : अरे वाह! कोई काम मेरे लायक हो तो मुझे भी बताना...

नताशा : जरूर...जरूर बताऊँगी।

(इसी बीच कमलकांत का आगमन)

कमलकांत : बहू।

मनीषा : जी पापा

कमलकांत : बेटा! तु हारे कमरे की बत्ती जली हुई थी, तो मैने सोचा शायद बत्ती खुली छोड़ कर तुम लोग सो गये। पर तुम तो जाग रही हो। बेटा! रात के ग्यारह बज गये हैं...अब सो जाओ। तु हारी कल छुट्टी है...लेकिन इस बंटी को तो सुबह स्कूल जाना है... ये भी तु हारे साथ जाग रहा है।

मनीषा : पापा! इतने दिन बाद ये नताशा आई है। बातें कर रहे थे। इस बंटी को तो मैं कितनी बार कह चुकी हूँ कि सोजा... लेकिन ये सो ही नहीं रहा है।

कमलकांत : बेटा! तुम लोग जागोगी, तो ये कैसे सोयेगा?

मनीषा : पापा! (निवेदन करते हुये) आज आप इसे अपने पास सुला लीजिये ना!

कमलकांत : ठीक है,बंटी बेटा!

बंटी : जी दादा जी!

कमलकांत : आजा बेटा! हम सोते हैं।

बंटी : दादा जी! आप मुझे कहानी सुनायेंगे?

कमलकांत : बेटा! इतनी रात को कहानी सुनेगा!!

(नताशा हँसती है)

मनीषा : बेटा! दादा जी को सोना है।

बंटी : ठीक है। अगर दादा जी कहानी नही सुनायेंगे, तो मैं भी इनके साथ नहीं जाऊँगा।

कमलकांत : अच्छा मेरे बाप! आजा सुनाऊँगा

बंटी : (खुश हो कर) ओए! दादा जी कहानी सुनायेंगे। चलो-चलो...।

कमलकांत : (हँस कर) आजा-आजा...

मनीषा : गुड नाईट पापा!

कमलकांत : गुड नाईट...! अब थोड़ी देर में तुम लोग भी सो जाना।

मनीषा : सो जायेंगे पापा!

दृश्य सं. 7

डॉक्टर पद्मजा का चै बर

[पात्रः-डॉ. पद्मजा; मनीषा]

घंटी बजने की आवाज़

फोन की

(क्रेडल पर से रिसीवर उठाने की आवाज़)

डॉ. पद्मजा : हैलो!...जी हाँ...मैं डॉक्टर पद्मजा बोल रही हूँ...ओ! मिसिज मंदिरा बलसावर...बोलिये...बोलिये... हाँ...हाँ... नहीं-नहीं, देखिये...अभी कोई टैस्ट करवाने की ज़रूरत नहीं है। मैंने जो मैडीसिन लिखी हैं...बस उन्हें ही रैग्युलर लेना है।...हाँ... हाँ...ओके...

दरवाज़ा (रिसीवर क्रेडल पर रखने की आवाज़ खुलने की आवाज़) यैस प्लीज़...

मनीषा : डॉक्टर!...मैं मनीषा...मनीषा दुबे...मैंने कल आपसे अपॉइंटमैंट ली थी...डॉ. निवेदिता ने भी आपसे बात की होगी।

डॉ. पद्मजा : ओ हाँ! कम इन प्लीज़ (कुर्सी खिसकने की आवाज़) तो आप अबॉर्शन करवाना चाहती हैं।

मनीषा : यैस डॉक्टर!

डॉ. पद्मजा : क्यों?

मनीषा : मेरी कुछ पर्सनल प्रॉब्लम है।

देखिये डॉक्टर! मैं पहले ही डॉक्टर निवेदिता को एक्सप्लेन कर चुकी हूँ।

डॉ. पद्मजा : अच्छा ठीक है। शो मी योर ओ.पी.डी. फाईल।

मनीषा : ये लीजिये

(पन्ने पलटने की आवाज़)

डॉ. पद्मजा : हूँ...अबॉर्शन है तो थोड़ा रिस्की...बट वी शैल मैनेज इट...आप ऐसा कीजिये ज़रा यहाँ लेट जाइये।

मनीषा : ओके

(कुर्सी खिसकने की आवाज़)
(कपड़े की सरसराहट की आवाज़)

डॉ. पद्मजा : ज़रा करवट लीजिये...हूँ...देखिये, बच्चे की ग्रोथ अच्छी है। आप एक बार फिर सोच लीजिये।

मनीषा : मैंने सोच लिया डॉक्टर!

डॉ. पद्मजा : तो ठीक है। आप ऐसा कीजिये नर्सिंग होम के काऊन्टर पर फीस वगैरहा जमा करा दीजिये...तब तक मैं अबॉर्शन के लिये बाकी तैयारी करती हूँ।

मनीषा : ठीक है डॉक्टर।

दृश्य सं. 8

ऑपरेशन थियेटर

[पात्रः-मनीषा; डॉ. नताशा; नर्स]

(ऑपरेशन के औजार संभालने की आवाज़)

डॉ. पद्मजा : नर्स! ऑपरेशन की सारी तैयारी हो गई

नर्स : यैस डॉक्टर!

डॉ. पद्मजा : पेशैन्ट को एनसथीसिया दिया?

नर्स : यैस डॉक्टर!

डॉ. पद्मजा : ओ के...मिसिज मनीषा! आर यू फीलिंग ऑल राइट?

मनीषा : यैस डॉक्टर!
(ऑपरेशन के औजार संभालने की आवाज़)

डॉ. पद्मजा : नर्स! माई हैंड ग्लब्ज...

नर्स : यैस डॉक्टर! ये लीजिये...
(कुछ पल का अंतराल)
(अजन्मी बेटी का स्वर)

अजन्मी बेटी : माँ! (पुकारती है) ओ माँ!

मनीषा : कौन है? कौन है? (घबराकर) कौन बोल रहा है?

अजन्मी बेटी : माँ! इधर-उधर मत देखो। माँ!...मैं हूँ तु हारी अजन्मी बिटिया। माँ! मैं तु हारे गर्भ के ीतर से ही बोल रही हूँ। आज मेरे लिये कितने खुशी का दिन है माँ!...आज मैं तु हारें गर्भ से बाहर आऊँगी। मतलब...(खुश हो कर) आज के दिन फिर तुम हर साल मेरा जन्म-दिन मनाओगी... मुझे कैसे पता?...माँ! पिछले महीने ही तो तुमने भैया का जन्मदिन मनाया...माँ! मैं बाहर

आऊँगी, तो भाई के साथ खेलूँगी पर माँ एक बात मेरी समझ में नहीं आ रही है। अभी तो मुझे दिखाई भी नहीं देता है। बहुत कुछ है जो मेरे शरीर में विकसित होना बाक़ी है। अभी तो मेरे हाथ-पाँव भी नहीं बने हैं...फिर तुम मुझे अभी से बाहर क्यों ला रही हो? मैं एक माँस का लोथड़ा...या अपंग तु हें अच्छी लगूँगी माँ! मुझे कोई निर्दयता से खींच रहा है। माँ! माँ!! (रोते हुये...कराहते हुये) उसने फिर खींचा (चीखती है) माँ! मेरे शरीर का एक टुकड़ा मुझसे अलग हो गया। माँ! माँ! (बिलख कर) उसे रोको...माँ! मुझे बाहर लाने का ये कौन-सा तरीका है (घबराहट और रूदन से भरा स्वर) ये मुझे बाहर नहीं खींच रहा...ये तो मेरी हत्या कर रहा है। माँ! माँ! तुम चुप क्यों हो? लगता है तुम भी इसके साथ शामिल हो। इतनी निर्दयी...तुम कैसे हो सकती हो माँ! कोई मेरी हत्या कर रहा है...और तुम देख रही हो!...अरे! कैसी माँ हो तुम? माँ तो अपने बच्चों के लिये अपनी जान भी दे देती हैं...और तुम अपनी ही बेटी की जान ले रही हो। माँ आँ...आँ... आँ...आँ...... (अत्यंत पीड़ा से भरी आवाज़ गूंजती है) ई...ई... ई...ई......... ।

मनीषा : नहीं (घबराया-सा स्वर) नहीं...नहीं (साँस फूलने की आवाज़) बिटिया!...बिटिया! (बिलखती-सी) मैंने...मैंने... अपनी बिटिया को मार डाला (रोती है) मैं...मैं हत्यारिन हूँ...पापन हूँ...माँ के नाम पे कलंक हूँ... बिटिया! बिटिया! बिटिया! (घबरायी-सी पुकारती है)

नताशा : मनीषा!...मनीषा!...मनीषा! (घबराहट में लगभग चीखते हुये) क्या हुआ? क्या हुआ मनीषा?

मनीषा : नताशा! मैंने अपनी बिटिया को मार डाला (रोते हुये) मार डाला...मैंने अपनी बिटिया को मार डाला...

नताशा : मनीषा! मनीषा! क्या हुआ है तु हें? कौन-सी बिटिया को मार डाला? तु हारे तो कोई बिटिया ही नहीं है।

मनीषा : ऐ!...(जैसे होश में आती है) नताशा!!...मैं ?...अरे! मैं तो अपने बैडरूम में हूँ...फिर वो डॉक्टर...नर्सिंग होम...आप्रेशन थ्येटर ??? (परेशान-सी)

नताशा : लगता है तुमने कोई सपना देखा है मनीषा!

मनीषा : मगर वो सब...

नताशा : रात के तीन बजे हैं और तुम सो रही थी।

मनीषा : इसका मतलब ऐसा कुछ नहीं हुआ (घबराई-सी खुश होती है) मैं बस सपना देख रही थी। मैंने...मैंने अपनी बिटिया को नहीं मारा...

नताशा : पर मनीषा! मेरी बिटिया!!...मैंने अपनी बिटिया को नहीं मारा...ये क्या बोल रही हो तुम? तु हारे तो कोई बिटिया ही नहीं है।

मनीषा : नताशा! (रुआंसी) मैंने तु हें बताया नहीं। आई.एम. प्रैग्नैन्ट।

नताशा : व्हाट!!..मुबारक हो!...इतनी बड़ी बात तुमने मुझे नहीं बताई?

मनीषा : मैं शर्मिंदा हूँ। असल में...मुझे लगा मेरे पेट में लड़की है। इसलिये, मैं अबॉर्शन कराना चाहती थी।

नताशा : क्या!!! (बुरी तरह चौंकते हुये)...ये तुम क्या कह रही हो!!! तुम ऐसा सोच भी कैसे सकती हो?

मनीषा : पर मैंने सोचा...और इसके लिये मैं डॉक्टर के पास भी गई।

नताशा : मनीषा! मनीषा!...तुम एक पढ़ी-लिखी समझदार महिला हो। मैं तुमसे ये उ मीद नहीं कर सकती थी...तुम ऐसा कैसे कर सकती हो!!!

मनीषा : पर मैंने किया। अक्ल पर पत्थर पड़ गये थे मेरी।

नताशा : जीजू ने नहीं रोका तु हें?

मनीषा : उन्होंने ही तो मुझे डॉक्टर के पास भेजा था।

नताशा : ओ फ! कोई अनपढ़-गँवार ये काम करे, तो समझ में आता है लेकिन तुम दोनो...तुम दोनों तो पढ़े-लिखे हो...तुम ऐसा कैसे कर सकते हो?

मनीषा : नताशा! जो हुआ सो हुआ। लेकिन अब मैं अबॉर्शन नहीं कराऊँगी (प्रत्येक शब्द पर जोर देते हुये) मैं नहीं जानती मेरे गर्भ में क्या है...लड़का है या लड़की...लेकिन जो भी है उसे मैं इस दुनियाँ में लाऊँगी।

दृश्य सं. 9

मनीषा का घर

[पात्रः-मनीषा; नताशा; कमलकांत]

नताशा : सुबह-सुबह ये मनीषा कहाँ चली गई। सारा घर तो देख लिया...कहीं नहीं है...अंकल भी नहीं दिखाई दे रहे... (दरवाजे की घंटी की आवाज़) लगता है घर से बाहर गई थी...आ गई (दरवाजा खोलने की आवाज़) अरे अंकल आप!...आप सुबह-

सुबह कहाँ चले गये थे?

कमलकांत : मैं बंटी को उसके स्कूल की बस में बिठाने गया था।

नताशा : ओ, अंकल! मनीषा कहीं दिखाई नहीं दे रही है। कहीं गई है क्या?

कमलकांत : नहीं तो। अभी थोड़ी देर पहले तो उसने और मैंने एक साथ बैठ कर चाय पी है। मैंने तु हारे बारे में पूछा था, तो वह कह रही थी तुम अभी सो रही हो...

नताशा : हाँ अंकल! आज आँख जरा देर से खुली। अब सहेली के घर में थोड़ी बेफिक्री तो रहेगी ना...सुबह उठ कर कुछ नहीं करना...पर अंकल। ये मनीषा गयी कहाँ?

कमलकांत : बेटा! वो छत पर तो नहीं चली गई। कई बार वो पौधों को पानी देने छत पर चली जाती है। छत पर उसने बहुत सारे पेड़-पौधे लगाये हुये हैं।

नताशा : अरे!...छत पर तो उसे मैंने देखा ही नहीं। ठीक है...मैं छत पर देखती हूँ...अंकल! छत की सीढ़ियाँ कहाँ से हैं?

कमलकांत : ये सामने वाले कमरे के पीछे वाली बालकनी से

नताशा : ओके

(पदचाप..सीढियाँ चढ़ने की पदचाप)

नताशा : अरे! ये तो ये रही। लगता है पौधों को पानी तो दे चुकी...ये तो चुपचाप रेलिंग पर बैठी है। गिरेगी क्या? मनीषा! मनीषा! (आवाज़ देती है) ओ फो! सुन ही नहीं रही है। (पास जाकर) मनीषा! क्या हुआ है? ऐसे क्यों बैठी है?

मनीषा : बस बैठी हूँ (अवसादपूर्ण स्वर)...सोच रही हूँ आखिर क्या हो गया था मुझे...ये मैं क्या करने जा रही थी। अपनी ही संतान की हत्या करने जा रही थी, मैं...

नताशा : दैट चैप्टर इज ओवर मनीषा! होता है, कभी-कभी ज़िंदगी में ऐसा भी होता है कि अपने लिये फैसले ही समझ नहीं आते।...पर अब तो तुझे अपनी ग़लती का अहसास हो गया है। अब जो हुआ उसे भूल जा।...पर चल...पहले तू इस रेलिंग से तो नीचे उतर...अब उतर भी...ला हाथ दे...हूँ...(हल्के से कूदने की आवाज़) आँहा...अरे! तेरा फोन तो मुंडेर पर ही रह गया। रुक जा...रुक जा...मैं उठाती हूँ। तू भी...सुबह-सुबह ये फोन भी लेकर बैठी थी यहाँ।

मनीषा : हाँ, मैंने दीपक को फोन किया था। मैंने अपना फैसला उसे बता दिया।

नताशा : अरे वाह! जीजू ने कुछ बोला नहीं?

मनीषा : बोला ना...खूब बोला। पर मैंने भी कह दिया कुछ भी हो जाये अब मैं अबॉर्शन नहीं कराऊँगी।

नताशा : गुड!...पर मनीषा! एक बात का आश्चर्य तो मुझे भी है। तू इतनी प्रोग्रेसिव सोच वाली लड़की...इतनी वैल-एज्यूकेटिड.. इतनी समझदार लड़की...आखिर तेरी ऐसी सोच बनी कैसे?

मनीषा : यही तो मैं भी यहाँ बैठ कर सोच रही थी। आखिर मैं ऐसी कैसे हो गई? नताशा। मुझे लगता है छोटी-छोटी बच्चियों... लड़कियों और महिलाओं के साथ ये जो आये दिन डरा देने वाली घटनायें हो रही हैं...खासतौर से वो निर्भया वाला केस...इन सबने अजाने ही मेरे मन पर गहरा असर डाला है। मुझे कहीं भीतर तक बहुत बुरी तरह डरा दिया है अपनी सुरक्षा को लेकर ही मेरे मन में हमेशा दसियों सवाल बने रहते हैं। तो फिर मेरी बच्ची...अगर लड़कियों के साथ यही सब होना है, तो इससे तो अच्छा है वो इस दुनियाँ में आये ही ना...

नताशा : तभी-जब जीजू ने तुझे अबॉर्शन कराने के लिये कहा, तो तू एक दम राजी हो गई।

मनीषा : शायद

नताशा : डर गई तू...और तेरे डर ने तुझे कमज़ोर बना दिया।

मनीषा : शायद!...पर नताशा! लड़की होने की हीन भावना बचपन से ही मेरे मन के किसी कौने में बसी हुई है।

नताशा : क्या मतलब?

मनीषा : लड़की होने के कारण मैंने अपने ही घर में जो भेदभाव सहा वो मेरे मन से जाता नहीं है।

नताशा : अरे!! पर तूने मुझे तो कभी कुछ नहीं बतलाया। मैं और तू तो साथ ही स्कूल में पढ़ा करते थे।

मनीषा : क्या बतलाती। रोज़-रोज़ का वही किस्सा था। हम दो बहनें और हमारा एक भाई था। पापा तो हमें प्यार करते थे, लेकिन म मी...

दृश्य सं. 10 [लैशबैक आरंभ]

मनीषा के पिता का घर

[पात्रः-मनीषा; सुधा; मयंक; श्रीधर]

सुधा : मनीषा! ओ मनीषा!...कहाँ मर गई (चीखते हुए)

मनीषा : म मी! मैं पढ़ रही हूँ

सुधा : पढ़ने की बच्ची! इतने ढेर सारे बर्तन पड़े हैं यहाँ रसोई में। इन्हें कौन माँजेगा। वो मानसी से कहा तो वो महारानी एकदम से जाने कहाँ रफूचक्कर हो गई। आने दे उसे... उसकी तो खबर मैं...अब तू आ रही है कि नहीं।

मनीषा : म मी! कल मेरा इ तहान है।

सुधा : इ तहान पास करके कौन-सा तू कलैक्टर बन जायेगी। घिसने तो दूसरे घर जाकर बर्तन ही हैं। आ...जल्दी आ जा।

म मी : (समीप आता स्वर) म मी! भाई से तो आप कुछ नहीं कहती हो।

सुधा : अरी! भाई बर्तन माँजेगा क्या? फिर उसका तो इ तहान है।

मनीषा : भाई का इ तहान...इ तहान...और मेरा इ तहान कुछ भी नहीं (ठिनकती है)

सुधा : जुबान लड़ाती है इतना बोलना कहाँ से सीखा तूने। अरी! भाई पढ़ेगा-लिखेगा, तो घर के कुछ काम आयेगा...तेरा क्या...तू तो दूसरे घर जायेगी...वहाँ जाकर काम ही करेगी ना...काम करना नहीं आया, तो अपनी सास से नाम और धर वायेगी मुझे...चल-चल जल्दी कर...ये बर्तन माँज दे...

मनीषा : म मी! (ठिनकती है) मैं थोड़ी देर में कर लूँगी। मेरा पढ़ने के लिये बस एक लैसन बाकी है।

सुधा : मैंने कहा ना चल (गुस्से में)

मनीषा : (ठिनकती है) म मी!

सुधा : चल-चल जल्दी कर।

(बर्तन माँजने की आवाज़) और सुन...बर्तन मँज जायें, तो बाहर वाले कमरे में पौंछा लगा देना। बड़ा गंदा हो रहा है। तेरे पापा आने वाले हैं। देखेंगे, तो क्या कहेंगे?

मनीषा : म मी!...(फिर ठिनकती है) सब काम अभी कराओगी क्या?

सुधा : अरी! अभी कर या बाद में। करने तो सब तुझे ही हैं

मनीषा : म मी! (रोआँसी-सी)

(बर्तन जोर-जोर से माँजने की आवाज़)

सुधा : अच्छा सुन...

मनीषा : (बर्तन माँजना रोक कर) जी म मी!

सुधा : तू ऐसा कर। पहले ये दूध का गिलास ले और ज़रा भाई को दे आ।... बेचारा! कितने घंटे हो गये उसे पढ़ते हुये।

मनीषा : म मी! थोड़ा दूध मुझे भी दो ना...

सुधा : अरी! तू दूध पी के कहाँ जायेगी। जा, पहले भाई को दूध देके आ...

मनीषा : (चिढ़कर) लाओ, दे आती हूँ।

सुधा : संभाल के गर्म है। गिलास ज़रा ठीक तरह पकड़।

(कुछ क्षण का अंतराल)

मनीषा : म मी! (दूर से आती आवाज़)

सुधा : क्या है? क्यों चिल्ला रही है?

मनीषा : म मी! भाई कमरे में नहीं है

सुधा : दूसरे कमरे में देख! वहाँ होगा।

मनीषा : म मी! मैंने सब जगह देख लिया! कहीं नहीं है।

सुधा : अरे! तो फिर कहाँ चला गया?

(श्रीधर बाबू का आगमन)

श्रीधर : कंचे खेलने (व्यंग्य से)

सुधा : अरे रे! आपने मेरे बेटे के कान क्यों पकड़े हुये हैं?

श्रीधर : कान नहीं पकड़ूँ, तो क्या इसके पाँव पकड़ूँ। वहाँ गली के नुक्कड़ पर गली के लड़कों के साथ कंचे खेल रहा था।

सुधा : हैं!! (चौंक कर) बेटा! तू तो पढ़ाई कर रहा था। तू कब घर से बाहर चला गया?

मयंक : म मी! (रोआँसा-सा) पढ़ते-पढ़ते मैं बोर हो गया था, तो मैंने सोचा...

श्रीधर : कंचे खेल आऊँ और दो घंटे तक खेलता रहूँ। हैएं! (डाँटता है)

सुधा : अए हये! आप तो मेरे बेटे के पीछे ही पड़ गये...छोड़ो, मेरे बेटे का कान छोड़ो। अब थोड़ा मन बहलाने चला गया, तो क्या गुनाह कर दिया।

श्रीधर : सुधा! सुधा! तु हारा ये जरूरत से ज़्यादा लाड़ इसे बिगाड़ कर छोड़ेगा।

सुधा : अए! कहीं ना बिगड़ता है। आजा बेटा! आजा। मेरा

लाल...मनीषा! ला दूध का गिलास...

मनीषा : लो म मी!

सुधा : ले बेटा! पीले

श्रीधर : मनीषा! तू यहाँ क्या कर रही है?

सुधा : पापा! मुझे बर्तन मांजने हैं

श्रीधर : बर्तन माँजने हैं!! क्यों तेरा इ तिहान नहीं है कल...

मनीषा : पापा है तो...

श्रीधर : तो जाके इ तिहान की तैयारी कर।

मनीषा : लेकिन पापा! म मी कह रही है पहले मैं बर्तन माँज दूँ...।

श्रीधर : सुधा। ये तुम क्या करती हो? कल इसका इ तिहान है ना। रोज़ वही माँजती है ना। अगर एक दो दिन नहीं माँजेगी, तो क्या हो जायेगा...

सुधा : हाँ, दिन भर खटना...बस मेरी किस्मत में लिक्खा है। मुझे कहीं आराम ना मिल जाये...(रोने-सी लगती है)

श्रीधर : तु हारी नौटंकी फिर शुरु हो गई।

सुधा : हाँ, मैं तो नौटंकी करती हूँ।

मनीषा : (स्वगत) हे भगवान! ये पापा-म मी फिर शुरु हो गये। कहीं इनमें लड़ाई ना हो जाये...म मी। मैं बर्तन माँज रही हूँ ना...प्लीज़ आप चुप हो जाइये...पापा! आप जाइये।

श्रीधर : ठीक है बेटा!

(बर्तन माँजने की आवाज़)

सुधा : मंयक बेटा! तू कहाँ जा रहा है? अपना दूध पूरा तो पीजा।

मयंक : अब और नहीं पीया जा रहा। मैं बाद में पी लूंगा।

दृश्य सं. 11

मनीषा के पिता का घर

[पात्र:-मनीषा; मानसी]

मानसी : दीदी! ओ दीदी! (फुसफुसाकर)

मनीषा : अरे मानसी! तू कहाँ चली गई थी?

मानसी : मैं पारुल के घर गई थी...ये किताब लेने।

मनीषा : किताब लेने में इतनी देर लगती है?

मानसी : अब दीदी! लेने तो मैं ये किताब ही गई थी, लेकिन मैंने देखा पारुल पढ़ रही थी, सो मैं भी उसके साथ पढ़ने बैठ गई। मैंने सोचा अगर में घर गई, तो म मी मुझे जरूर किसी-ना-किसी काम में लगा देगी...और मेरी पढ़ाई रह जायेगी...दीदी! कल मेरा इ तिहान है ना....

मनीषा : और मेरा नहीं है। तूने मुझे अच्छा फसाया। तू होती, तो आधा काम तू कर लेती और आधा काम मैं।

मानसी : दीदी! सॉरी

मनीषा : क्या सॉरी!...म मी कब से तुझे पूछ रही है?

मानसी : बहुत गुस्सा हो रही है?

मनीषा : हो तो रही है...मगर तू डर मत। पापा आ गये हैं।

मानसी : तब ठीक है।

सुधा : मानसी! ओ मानसी! मैंने तुझे देख लिया है तू आ गई है (पुकारती है) अब आ रही है कि नहीं।

मानसी : आ...आ रही हूँ म मी! [हिचकिचाते हुये]

मनीषा : जा ना...नहीं तो म मी और गुस्सा करेगी।

मानसी : जाती हूँ

दृश्य सं. 12

मनीषा के पिता का घर

[पात्रः-सुधा; मनीषा; मयंक; मानसी]

(स्टोब जलने की आवाज़)

सुधा : खाना बन गया मनीषा?

मनीषा : हाँ म मी!

सुधा : तो मयंक का टिफिन लगा दे।

मनीषा : म मी! आप लगा दो ना...मुझे ी तो स्कूल जाना है। अभी तो मैं नहाई भी नहीं हूँ।

सुधा : टिफिन लगाने में कौन-सी देर लगेगी तुझे।

मनीषा : म मी! पसीने में तरबतर हो रही हूँ। प्लीज़ आप लगा दो ना!

सुधा : काम ना करने के सौ बहाने...ये मानसी कहाँ है?

मनीषा : म मी! वो तैयार हो रही है।

सुधा : ठीक है। तू जाके नहा ले। मैं टिफिन लगा देती हूँ। (टिफिन के रखने, उठाने, खोलने की आवाज़)

मयंक : म मी! (खुशी में)

सुधा : आ गया मेरा राजा बेटा तैयार हो के...ले अपना टिफिन...तेरी मनपसंद सब्जी है आज तो। सब खा लेना...

मयंक : म मी! (सकुचाते हुये)

सुधा : बोल बेटा!

मयंक: म मी! वो क्या है ना...स्कूल में मेरे जो दोस्त है ना...

सुधा : हाँ-हाँ बोल बेटा!

मयंक: उन्हें आपके हाथ का बनाया खाना बड़ा अच्छा लगता है।

सुधा : अच्छा बेटा! (खुश हो कर)

मयंक : पर क्या है ना म मी! मेरे टिफिन का खाना ना...थोड़ा पड़ जाता है।

सुधा : अरे रे! मेरा बच्चा! मैं तुझे बड़ा टिफिन लगा देती हूँ। तूने बड़ी फ़िक्र की।
(टिफिन खोलने की आवाज़)
(कड़छी चलाने की आवाज़)
(टिफिन बंद करने की आवाज़)
ले बेटा! लगा दिया बड़ा टिफिन...

मयंक: पर म मी! आपने सारा खाना तो मेरे टिफिन में ही रख दिया। बड़ी दीदी और छोटी दीदी क्या ले जायेंगी?

सुधा : तू उनकी फ़िक्र छोड़ ना। तू ले जा। मैं पापा को बोलती हूँ...वो तुझे स्कूल छोड़ आयेंगे...सुनो जी...

श्रीधर : क्या है?

सुधा : आज ज़रा मयंक को स्कूल छोड़ आओ।

श्रीधर : क्यों, क्या हुआ रोज़ तो अकेला चला जाता है।

सुधा : आज जरा इसके पास बड़ा टिफिन है। छोड़ आओ न।

श्रीधर : ठीक है छोड़ आता हूँ...आजा बेटा!

मयंक: आया पापा!
(कुछ पल का अंतराल)

मानसी : म मी! म मी! (हड़बडाहट में) लाओ, मेरा टिफिन भी दे दो। मुझे स्कूल को देर हो रही है।

सुधा : तेरा टिफिन!! (सकुचाते हुये) वो क्या है ना बेटी! आज तो सारा खाना मैंने मयंक को दे दिया। क्या करूँ...वो कह रहा था...स्कूल में उसके दोस्तों को मेरे हाथ का बना खाना बड़ा पसंद आता

है...सब उसका खाना खा जाते हैं...मेरा बेटा भूखा ही रह जाता है, तो मैने...

मानसी : सारा खाना उसे दे दिया!! म मी! (रोआँसी-सी) ये क्या किया आपने ? अब मैं और दीदी क्या लेकर जायेंगी ? (झुंझलाहट में)

सुधा : एक दिन खाना नहीं खाओगी, तो मर नहीं जाओगी...।

[लैशबैक समाप्त]

दृश्य सं. 13

मनीषा का घर

[पात्रः-मनीषा; नताशा]

मनीषा : कभी-कभी मैं सोचती हूँ नताशा! हमारी माँ सौतेली माँ नहीं थी, लेकिन फिर भी हम बहनों और हमारे भाई में कितना फ़र्क करती थी। हमारा इकलौता भाई था मयंक। हम भी उसे बहुत प्यार करते थे...उसके लिये कभी भी कुछ भी करने को तैयार रहते थे लेकिन म मी-म मी तो उसके पीछे जैसे पागल थी। उसके आगे हम लड़कियों को भाव ही नहीं देती थी।

नताशा : ओल्ड ट्रेडिशनल इंडियन फैमिली कॉमन स्टोरी! (दुः ी हो कर) मैं समझ सकती हूँ...तु हारे साथ क्या होता होगा ?

मनीषा : नताशा! कई बार तो मुझे महसूस होता था कि भगवान ने हमें पैदा ही क्यों किया...और पैदा किया तो लड़की बनाकर ही क्यों पैदा किया ? पापा तो हमें कुछ नहीं कहते थे, लेकिन म मी...ऐसा कोई दिन नहीं जाता था जिस दिन वो हमें जली-कटी ना सुनाती हों...।

दृश्य सं. 14 [लैशबैक आरंभ]

मनीषा के पिता के घर के आसपास

[पात्रः-मनीषा, सुजाता, रश्मि, मयंक, सुधा, मानसी]

(लड़कियों के हँसने की आवाज़)

(कूदने और रुकने की आवाज़)

मनीषा : रश्मि। अब तू चल। तेरी बारी है।

रश्मि : मानसी! ला चाबी का गुच्छा मुझे दे।

सुजाता : ले (चाबी के गुच्छे की आवाज़)

रश्मि : ओ फो! अब तू आगे से तो हट।

मानसी : ले हट गई।

रश्मि : मनीषा! चाबी का गुच्छा उछालूँ?

मनीषा : अरे! रे! क्या कर रही है? पलट कर देखने की नहीं है। ये बेईमानी है।

रश्मि : पर एक बार तो पलट कर देख सकते हैं ना...।

मनीषा : अच्छा ठीक है। अब तूने पलट कर देख लिया था। अब मत देखना। चल उछाल गुच्छा।

रश्मि : उछालती हूँ
(चाबी का गुच्छा ज़मीन पर गिरने की आवाज़)

मनीषा : (हँसती है) चल-चल गुच्छा बाहर गिर गया। अब मेरी बारी है।

मयंक: दीदी! पहलदूज मैं भी खेलूँगा।

मनीषा : अच्छा ठीक है। सुजाता! एक बार इसे खेलने दे।

मानसी : ठीक है।

मयंक: मुझे चाबी का गुच्छा तो दो।

मनीषा : ले (सुधा का आगमन)

सुधा : मनीषा! (लगभग चीखते हुये)

मनीषा : म मी! (घबराकर)

सुधा : (ग़ुस्से में फट पड़ने को) मैं वहाँ घर के बाहर तेरा इंतिज़ार कर रही हूँ...और तू यहाँ पहलदूज खेल रही है!

मनीषा : म मी! वो...

सुधा : क्या वो-वो...आग लगे तेरे खेलने में। अरे! पूरे दस मिनट हो गये मुझे वहाँ घर के बाहर खड़े-खड़े...लेकिन तेरा तो कुछ पता ही नहीं। वो तो भला हो वर्मानी का...उसने बता दिया तू यहाँ खेल रही है...वरना मैं तो वहाँ घर के बाहर खड़ी ही रहती...अरी! आज इतवार है, तो तू क्या सारे दिन ही खेलती रहेगी...पता था... कि म मी कीर्तन में से कभी भी वापस आ जायेंगी...तो भी तू घर का ताला बन्द करके यहाँ चली आई...

मनीषा : म मी! वो...

सुधा : तू चुप कर

मयंक: म मी! (चिल्लाकर)

सुधा : अरे बेटा मयंक! तू भी यहाँ है।

मयंक: हाँ म मी! मैं भी पहलदूज खेल रहा हूँ।

सुधा : अरे रे रे! खेल ले...खेल ले...अरी! मयंक को खाना खिला दिया था...या ऐसे ही ले आई?

मयंक: म मी! मैंने खाना खा लिया था। मानसी दीदी ने मुझे खिला दिया था।

सुधा : चलो! इतनी मति तो भगवान ने उसे दी...ला, घर की चाबी ला...

मयंक: चाबी तो मेरे पास है म मी! मैं इससे पहलदूज खेल रहा हूँ।

रश्मि : आँटी! मेरे पास पिन का गुच्छा है...आप चाबी ले जाइये...पिन के गुच्छे से खेल लेंगे...मयंक! अपनी म मी को चाबी का गुच्छा दे दे...

मयंक: ठीक है रश्मि दीदी!...लो म मी! (चाबी लपकने की आवाज़)

सुधा : ठीक है। तुम दोनों थोड़ी देर में आ जाना।...एक मिनट...मैंने तुम दोनों से कहा था कपड़े धोकर सुखा देना...

मनीषा : म मी! वो...क्या है ना। ये रश्मि आ गई, तो हम दोनों इसके साथ खेलने चले आये...मगर हम...अभी वापस आ कर धो देंगे ना...

सुधा : अरे! एक काम मैं तुमसे कह कर गई थी वो भी तुमसे ना हुआ...काम चोर कहीं की। चलो, छोड़ो ये पहलदूज-पहलदूज... घर में बहुत काम पड़े हैं।

मानसी : म मी! हम बस आ रहे हैं ना

सुधा : नहीं, मैंने कहा ना...चलती हो कि नहीं

मनीषा : म मी! प्लीज!

मयंक: म मी! मुझे तो खेलने दो ना...

सुधा : अरे बेटा! तुझसे थोड़े ही कुछ कह रही हूँ। तू आराम से खेल।

मयंक: पर मैं दीदियों के बिना कैसे खेलूँगा।

सुधा : (सकपकाती है)...हूँ...ऊँ...अच्छा ठीक है। तुम दोनों थोड़ी देर में आ जाना...हूँ (झिड़कती-सी) काम की ना काज की ढाई मन अनाज की (बड़बड़ाती है)

[दृश्य परिवर्तन]

दृश्य सं. 15

मनीषा के पिता का घर

[पात्रः-मनीषा; मानसी]

मानसी : मनीषा दीदी! क्या बात है? बड़ी उलझन में लग रही हो। क्या सोच रही हो?

मनीषा : कुछ भी नहीं।

मानसी : नहीं दीदी! कुछ तो है जो तु हें परेशान किये हुये है।

मनीषा : मैंने कहा ना। कुछ भी नहीं है।

मानसी : दीदी! मैं तु हें अच्छे से जानती हूँ। जब तुम परेशान होती हो तब ही तु हारे चेहरे पर ऐसे भाव आते हैं। बताओ ना क्या बात है?

मनीषा : ये देख...

मानसी : ये क्या हैं?...अरे! ये तो तु हारा स्कूल का रिपोर्ट कार्ड है...।

मनीषा : देख ना...

मानसी : अरे वाह! कितने अच्छे नंबर हैं तु हारे हरेक सब्जैक्ट में...हिंदी में सौ में से अस्सी... अंग्रेजी में सौ में से छियत्तर और मैथ्स में...मैथ्स में...सौ में से तैंतीस!!! दीदी! दीदी! ये...

मनीषा : यही तो...मेरी टीचर ने मुझे खूब डांटा। मेरी समझ में नहीं आ रहा है मैं क्या करूँ...वो कह रही थी कि अगर मैथ्स में मेरे नंबर कम रहे, तो मुझे साईंस नहीं मिलेगी।

मानसी : पर दीदी! तुम तो आगे चल कर इंजीनीयर बनना चाहती हो।

मनीषा : चाहती तो हूँ। लेकिन क्या करूँ मैथ्स मुझे बिल्कुल समझ में नहीं आता।

मानसी : दीदी! तो तू मैथ्स की ट्यूशन लगा ले ना।

मनीषा : ट्यूशन!! हूँ (फीकी हँसी हँसती है) हमारे स्कूल की फीस देने में तो म मी को इतनी प्रॉब्लम होती है...वो ट्यूशन की फीस देगी?

मानसी : दीदी! तू पापा से बात करना...।

मनीषा : पापा!! ठीक है मैं पापा से बात करूँगी।

दृश्य सं. 16

मनीषा के पिता का घर

[पात्रः-मनीषा; श्रीधर; सुधा]

श्रीधर : क्या बात है बेटा! तुझे कुछ कहना है मुझसे? मैं देख रहा हूँ तू बारबार मेरे सामने आ रही है जा रही है।

मनीषा : पापा!...वो...

श्रीधर : बोल न बेटा!

मनीषा : पापा! आप मुझे मैथ्स की ट्यूशन लगा देंगे?

श्रीधर : मैथ्स की ट्यूशन!! क्यों? बेटा! तू तो पढ़ने में वैसे ही होशियार है।

मनीषा : हूँ तो। लेकिन पापा! मैथ्स में थोड़ी प्रॉब्लम आ रही है।

श्रीधर : ठीक है...तू कहती है तो मैं लगा दूँगा।
(सुधा का आगमन)

सुधा : क्या खुसर-पुसर हो रही है बाप बेटी में?

श्रीधर : सुधा! कुछ नहीं...ये मनीषा कह रही है...

मनीषा : (स्वगत्) हे भगवान! म मी को अभी आना था...

सुधा : क्या कह रही है...चुप क्यों हो गये...बोलो तो...

श्रीधर : कह रही है उसे मैथ्स की ट्यूशन लगा दूँ

सुधा : मैथ्स की ट्यूशन!! अरे! (झुंझलाहट में) घर के ख़र्चे तो संभलते नहीं...एक और ख़र्चा...कहाँ जायेगी मैथ्स की ट्यूशन पढ़ के। कौन-सा इसे किसी कंपनी का हिसाब-किताब संभालना है...अरे! इसे पढ़ा रहे हैं ये क्या कम है...अभी तीन...चार साल में इसकी शादी हो जायेगी...अपने घर जायेगी...बस...।

श्रीधर : सुधा! तुम ये कैसी बात करने लगती हो? अगर ये पढ़ना चाहती है, तो हम इसे पढ़ने से क्यों रोकें? बिटिया! तू फ़िक्र ना कर। मैं कुछ-न-कुछ करता हूँ।

सुधा : काटो मेरी बात काटो। तु हें तो मेरी बात काटने में ही मज़ा आता है। लड़कियों को इतना सिर चढ़ाओगे, तो एक दिन पछताओगे।

श्रीधर : सुधा! आजकल लड़के-लड़कियों में कोई फर्क नहीं है। पता नहीं कब तुम ये अपनी दकियानूसी सोच छोड़ोगी।

सुधा : हूँ (चिढ़कर) कल को मेरे सामने ख़र्चे का रोना मत रोना।

श्रीधर : नहीं रोऊँगा।

[दृश्य परिवर्तन]

[लैशबैक समाप्त]

ये आकाश मेरा भी है

(भाग-2)

दृश्य सं. 1

मनीषा का घर

[पात्र:-मनीषा; नताशा]

मनीषा : नताशा! (नहीं सुनती थोड़ा ऊँचा बोलती है) नताशा!

नताशा : हाँ...आँ...(चौंकती-सी)

मनीषा : नताशा! तेरी चाय...

नताशा : अंकल को दे दी?

मनीषा : उन्हें तो सबसे पहले देती हूँ...पर तू ये बता तू कहाँ खोई हुई थी।

नताशा : मैं...मैं तो तेरे बारे में ही सोच रही थी।

मनीषा : मेरे बारे में?

नताशा : हाँ, सचमुच तेरा बचपन कैसा गुजरा! (दु:खी हो कर)

मनीषा : क्या यार नताशा! तू छुट्टी बिताने मेरे घर आई...और मैंने तुझे अपनी ही कहानी में उलझा लिया।

नताशा : अरे! रे! ये तू कैसी बात कर रही है...मुझे तो अफ़सोस हो रहा है कि तेरी ये सब बातें मुझे पहले क्यों नहीं पता चली...?

मनीषा : पहले पता चल भी जातीं, तो तू क्या कर लेती?

नताशा : बातें शेयर करने से मन हल्का हो जाता है।

मनीषा : शायद नताशा अभी तो मुझे म मी की और ना जाने कितनी बातें याद आ रही हैं...

[लैशबैक प्रार भ]

दृश्य सं. 2

मनीषा के पिता का घर

[पात्रः-सुधा; श्रीधर]

श्रीधर : सुधा! सुधा! अरे भई कहाँ हो? जल्दी आओ

सुधा : आई।

श्रीधर : भई! दीपावली का त्योहार आ रहा है, तो मैंने सोचा तुम सबके लिये नये कपड़े लेता चलूँ। देखो तो...तु हारे लिये ये साड़ी लाया हूँ (थोड़ी ऊँची आवाज़ में) भई! कहाँ रह गईं?

सुधा : आ रही हूँ बाबा! आ रही हूँ...अरे वाह! इतने सारे बैग...लगता है सारा बाज़ार ही उठा लाये हो।

श्रीधर : पहले ये अपनी साड़ी तो देखो (साड़ी की सरसराहट की आवाज़)

सुधा : अरे वाह! ये साड़ी तो बड़ी सुंदर है...ज़रा पल्लू और डिज़ाइनदार होता, तो और अच्छी लगती। पर कोई बात नहीं...तुम मेरे लिये लाये हो, मेरे लिये तो यही बड़ी बात है।

श्रीधर : और ये मयंक के लिये शर्ट...(बैग में से कमीज़ निकालने की सरसराहट)...देखो-देखो।

सुधा : क्या बात है! ये तो मयंक पर बहुत खिलेगी...पर साईज कहीं छोटा ना रह जाये?

श्रीधर : दुकानदार अपनी पहचान का है। बोल कर आया हूँ कि भई! साईज़ छोड़ा-बड़ा हुआ तो बदलना पड़ेगा।

सुधा : तब ठीक है।

श्रीधर : (पुनः बैग की सरसराहट की आवाज़) और ये सलवार-सूट अपनी मनीषा के लिये।

सुधा : मनीषा के लिये!! (उत्साहहीन होकर)

श्रीधर : (उत्साह में) हाँ,...और ये वाला सलवार-सूट मानसी के लिये। है ना सुंदर?

सुधा : (हल्का-सा चिढ़कर) ये लड़कियों के कपड़े लाने की क्या ज़रूरत थी? पिछले महीने उनकी बुआ आई थी, तो दोनों के लिये कपड़े लाई तो थी।

श्रीधर : क्या मयंक की म मी! तुम भी। वो भी कोई पहनने लायक कपड़े थे। ऐसा लग रहा था लड़कियों की बुआ को पीछे से आये...और

उसने आगे कर दिये।

सुधा : बेटियों की मौहब्बत में तुम तो दीवाने हुये जा रहे हो। बुरे ना हैं वो कपड़े...कौन-सी किसी देश की राजकुमारियाँ हैं तु हारी बेटियाँ जो पहनकर परजा को दिखायेंगी।

श्रीधर : मेरी बेटियाँ तो मेरे लिये राजकुमारियों से भी बढ़कर हैं। अरे! दीवाली का बोनस मिला है। सबके लिये लाऊँगा, तो क्या बेटियों के लिये नहीं लाऊँगा?

सुधा : हूँ (चिढ़कर) अपनी बेटियों को सिर पर रख के नाचो। अरे! उन्हें ऐसी आदतें डालो जो उनकी हर हाल में गुजर-बसर हो जाये। उन्हें दूसरे घर जाना है। पर तु हें तो बात ही समझ नहीं आती।

श्रीधर : तुम फिर शुरू हो गई। सुधा! अपनी दोनों बेटियाँ हीरा हैं हीरा। जिस घर में जायेंगी...उस घर में अपने...आप चमक आ जायेगी।

सुधा : आयेगी चमक! हूँ (चिढ़कर)

दृश्य सं. 3

मनीषा का घर

[पात्रः-मनीषा; नताशा]

मनीषा : नताशा! माँ हमारे साथ ऐसा बर्ताव करती थी मुझे कभी समझ में नहीं आया। लेकिन माँ जैसी भी थी...थी...पर मेरे पापा बहुत अच्छे थे। आज मैं जो भी हूँ अपने पापा की वज़ह से हूँ। पापा हमेशा हम बहनों का उत्साह बढ़ाते थे।

[लैशबैक प्रारंभ]

दृश्य सं. 4

मनीषा के पिता का घर

[पात्रः-श्रीधर; मनीषा; मानसी]

श्रीधर : मनीषा!...ओ मनीषा बिटिया! (पुकारता है)

मनीषा : हाँ पापा! (चिल्लाती-सी)

श्रीधर : ज़रा बाहर तो आ।

मनीषा : आई पापा!

(कुछ पल का अंतराल)

पापा!

श्रीधर : देख, मैं क्या लाया...(साईकिल की घंटी की आवाज़)

मनीषा : साईकिल!!! पापा! पापा! आप साईकिल ले आये...पापा! आप कितने अच्छे हो!

श्रीधर : मेरी बिटिया भी तो अच्छी है। अरे! मानसी को ा तो बुला।

मनीषा : हाँ-हाँ...मानसी।...मानसी! (उत्तेजित-सी) देख, पापा हमारे लिये साईकिल लाये...

मानसी : अच्छा! (उत्तेजित-सी) आई...(कुछ पल का अंतराल) (हाँफती-सी) पापा! ये तो आपने बहुत अच्छा काम किया।

श्रीधर : अब तुम दोनों इस पर बैठकर अपने स्कूल जाना।

मानसी : मनीषा! देख-देख इसकी घंटी कितनी तेज बजती है
(साईकिल की घंटी की आवाज़)

मनीषा : पापा! हम इसे चलायें?

श्रीधर : चलाओ ना बेटा! चलाने के लिये ही तो लाया हूँ। (हँसता है)
(साईकिल की चेन और पहिये घूमने की आवाज़)
(घंटी की आवाज़)

मानसी : मनीषा दीदी! मैं भी आ रही हूँ

मनीषा : आजा-आजा। पीछे बैठ जा

मानसी : अरे रे! बैठने तो दो। तुम तो चलाये जा रही हो।

मनीषा : अच्छा ठीक है। बैठ जा।...बैठ गई?

मानसी : हाँ, बैठ गई।
(साईकिल की चेन घूमने की आवाज़)
(साईकिल की घंटी बजने की आवाज़)

श्रीधर : अरे रे! संभाल के । देखो, गिर मत जाना

मनीषा-नताशा :(एक साथ) नहीं गिरेंगे पापा! आप फ़िक्र ना करो।

(श्रीधर हँसता है)

[दृश्य परिर्वतन]

[लैश्बैक समाप्त]

दृश्य सं. 5

मनीषा का घर

[पात्रः-मनीषा; नताशा; डॉ. अखिलेश]

नताशा : तेरे पापा तो सचमुच बहुत अच्छे थे मनीषा!

मनीषा : हाँ...पर वो थे नहीं...अभी हैं

मनीषा : ओ फो! मेरा मतलब वो नहीं है जो तू समझ रही है। मैं तो जो बात तूने उनके पुराने दिनों की बताई उसको सुन कर कह रही हूँ।

मनीषा : ओ!

नताशा : मनीषा! ये जो सामने फोटो लगी है वो तेरे पापा की ही है ना?

मनीषा : हाँ-हाँ।

नताशा : और उनके साथ जो हैं वो तेरी म मी है ना?

मनीषा : हाँ

नताशा : म मी का फोटो भी तूने लगाया हुआ है?

मनीषा : मुझे पता है तू क्या कहना चाह रही है। पर नताशा! अब वो कैसी भी थीं रहेंगी तो मेरी माँ ही ना।

(इसी बीच सैल-फोन की घंटी का स्वर)

नताशा : मनीषा! एक मिनट। डॉक्टर साहब का फोन है

मनीषा : अच्छा जीजू का

नताशा : हॅलो!

डॉ. अखिलेश : हाँ, मैं बोल रहा हूँ

नताश : पता है आप बोल रहे हो। पर क्यों बोल रहे हो? अभी थोड़ी देर पहले ही तो आपने फोन किया था।

डॉ. अखिलेश : ठीक है, तो मैं फोन काट देता हूँ।

नताशा : (छेड़ने के अंदाज में) नाराज़ भी बड़ी जल्दी हो जाते हो...अच्छा बोलो।

डॉ. अखिलेश : तुम घर वापस कब आ रही हो?

नताशा : फिर वही बात। मैंने अ ाी थोड़ी देर पहले तो आपको बताया ना मैं मंडे से पहले नहीं आऊँगी। डॉक्टर साहब! बड़े दिन बाद तो मैं अपनी सहेली से मिलने आई हूँ।

डॉ. अखिलेश : भई! मैं इसलिये कह रहा था ये सुरभि बहुत याद कर रही है

तु हें।

नताशा : अच्छा! सुरभि याद कर रही है (चुटकी लेते हुये) आप तो नहीं कर रहे ना।

डॉ. अखिलेश : मैं...मैं भी कर रहा हूँ ना यार!

नताशा : (हंसती है) पर डॉक्टर साहब! अभी इसका मेरे पास कोई इलाज नहीं है। आप ऐसा करो ना...आप और सुरभि आसपास के किसी मॉल में घूमने चले जाओ। दोनों का मन लग जायेगा।

डॉ. अखिलेश : तुम भी कैसी बात करती हो। मुझे क्लीनिक भी तो जाना है।

नताशा : क्लीनिक!! डॉक्टर अखिलेश! क्लीनिक तो तुम शाम को छ: बजे खोलते हो...अभी तो दोपहर हो रही है...पूरे चार घंटे पड़े हैं क्लीनिक खोलने में।

डॉ. अखिलेश : यार! तुमको तो हम दोनों पर बिल्कुल दया नहीं आ रही है।

नताशा : आयेगी भी नहीं। ये बिरह तो तु हें सहना ही पड़ेगा।

डॉ. अखिलेश : ठीक है (मृतप्राय आवाज़ में) पर तुम मंडे को तो सुबह सुबह आ जाओगी ना

नताशा : आ जाऊँगी

डॉ. अखिलेश : प्रोमिस

नताशा : प्रोमिस...(हँसती है)
(फोन बंद होता है)

मनीषा : लगता है जीजू का तु हारे बिना मन नहीं लग रहा है।

नताशा : लगता तो कुछ ऐसा ही है।

मनीषा : नताशा! उनसे कह ना वो भी यहीं आ जायेंगे (हँसती है)

नताशा : मनीषा! तू भी...। मैंने अगर झूठे को कहा, तो वो सचमुच आ जायेंगे।

मनीषा : बहुत प्यार करते हैं तुमसे।

नताशा : मुझसे ज़्यादा तो वो अपनी बेटी से प्यार करते हैं। यूँ घर पे एक नौकरानी भी रखी हुई है मैंने। लेकिन मैं नहीं होती हूँ, तो सुरभि का ज़्यादा याल वो ही रखते हैं।

मनीषा : नताशा! एक बात पूछूँ

नताशा : पूछ

मनीषा : तुम दोनों को कभी नहीं लगा कि तु हारे एक बेटा भी होना चाहिये। अब तो सुरभि काफी बड़ी हो गई है।

नताशा : नहीं मनीषा! हमें कभी नहीं लगा। बल्कि डॉक्टर साहब तो अब

दूसरा बच्चा चाहते ही नहीं है। मैं कभी-कभी उनसे कहती हूँ, तो कहते हैं- क्यों, जवाहर लाल नेहरु का नाम जब एक इंदिरा गाँधी ऊँचा कर सकती है, तो हमारी बेटी क्या किसी इंदिरा गाँधी से कम है?

मनीषा : यू आर वैरी लकी नताशा! तेरे को इतना अच्छा हसबैन्ड मिला है। काश! मेरे पतिदेव को ी ये बात समझ में आती। बेटी पैदा होने के नाम से ही घबरा गये ये तो। सोच के मामले में मेरी माँ से कम नहीं है ये! लड़कियों को ये नहीं करना चाहिये...लड़कियों को वो नहीं करना चाहिये...पता है जब मैं ग्यारहवीं में थी और मानसी दसवीं में...तब ही हमारी माँ को हमारी शादी करने की फ़िक्र लग गयी थी।

दृश्य सं. 6 [लैशबैक प्रारंभ]

मनीषा के पिता का घर

[पात्रः-मनीषा; सुधा; श्रीधर]

श्रीधर : मयंक की म मी! (पुकारता है)

सुधा : जी आई! अरे! आप आ गये ऑफिस से!

श्रीधर : हाँ भई! मयंक की म मी! बड़ी ज़ोर की भूख लगी है। अगर खाना तैयार है, तो देदो...

सुधा : खाना तो एकदम तैयार है जी! आज तो मैंने आपकी पसंद की गट्टे की सब्जी बनाई हैं।

श्रीधर : तुमने बनाई है या तु हारी बेटियों ने?

सुधा : विश्वास ना हो अपनी बेटियों से ही पूछ लो।
(मनीषा का प्रवेश)

मनीषा : आज तो म मी ने ही सब्जी बनाई है...पापा!...आपके लिये पानी।

श्रीधर : थैंक्यू बैटा (पानी पीने की आवाज) बेटा! जल्दी से खाना भी ले आ।

मनीषा : लाती हूँ पापा!

श्रीधर : बिटिया!

मनीषा : जी पापा!

श्रीधर : बेटा! ये टिफिन–बॉक्स भी ले जा। मंझने में डाल दे।

मनीषा : जी पापा!...

सुधा : मैं तो जी आज आपका बड़ी बेसब्री से इंतजार कर रही थी...

श्रीधर : क्यों, मयंक की कोई नई डिमांड पूरी करवानी है क्या?

सुधा : आप भी! आपको तो हमेशा यही लगता है मेरे दिमाग़ में बस मयंक ही घूमता रहता है।

श्रीधर : क्यों, होनहार सपूत है तु हारा। तु हारा नाम रोशन करेगा। अपना वंश आगे चलायेगा। वो नहीं घूमेगा, तो और कौन घूमेगा तु हारे दिमाग़ में...अच्छा ठीक है...बोलो, क्या काम है?

मनीषा : पापा खाना...

श्रीधर : अरे! ला बिटिया! ला...वाह! भई वाह! गट्टे की सब्ज़ी का रंग तो बहुत अच्छा है। लगता है बड़ी स्वादिष्ट बनी है।

सुधा : अब खाओगे तो बताओगे

श्रीधर : ऊँ...आँ...क्या बात है...मज़ा आ गया...हूँ...अब तुम अपना काम तो बोलो?

सुधा : मनीषा! अब तू यहाँ क्यों खड़ी है। जा ना...जा...पापा के लिये गर्म–गर्म रोटियाँ बना दे।

श्रीधर : हूँ, अब तुम तो बोलो...

सुधा : मेरे मामा जी है ना...दिल्ली वाले।

श्रीधर : हाँ–हाँ!

सुधा : उन्होंने मनीषा के लिये एक रिश्ता बताया है।

श्रीधर : मनीषा के लिये रिश्ता!! सुधा! मनीषा अभी बहुत छोटी है...पढ़ रही है...अभी से उसकी शादी...

सुधा : आप तो एकदम उखड़ जाते हो...। मेरी बात पूरी तो सुन लो...लड़का कोई अन्जान नहीं... मामाजी के समधी का पोता है। बड़े रईस लोग हैं, जयपुर में आढ़त की बहुत बड़ी दुकान है उनकी...कोई डिमांड भी नहीं है।

श्रीधर : सुधा! तुम कैसी बात कर रही हो? (झुंझलाकर) अपनी मनीषा अभी अठारह की ी पूरी नहीं हुई है...

सुधा : क्या फ़र्क पड़ता है...अभी या बाद में...शादी तो हमें उसकी करनी ही है...अरे! मामा जी बता रहे थे...गुल्लू की बेटी की शादी में हम गये थे ना...तब ही लड़के ने हमारी मनीषा को देख लिया था...मनीषा पर लट्टू हैं वो...

श्रीधर : जब हमें अभी शादी करनी ही नहीं है, तो इन बातों का क्या फायदा?

सुधा : अच्छे रिश्ते रोज़-रोज़ नहीं आते हैं...मामा जी ने कुछ सोच-समझ कर ही बात हम तक पहुँचाई है। आज दोपहर में ही फोन आया था उनका...

श्रीधर : लड़का कितना पढ़ा-लिखा है?

सुधा : दसवीं पास है...पर इससे क्या? अपनी पूरी दुकान संभालता है...एक भाई भी है! उसका...लेकिन बाप ने उसे अलग दुकान करा दी है...

मनीषा : पापा!...रोती (गुस्से में)...पापा! मैं अभी शादी नहीं करूँगी...

श्रीधर : बेटा! अब तेरी म मी कुछ कह रही है, तो सुनता तो पड़ेगा ना...

सुधा : हूँ-(झिड़कती है)...तू जाती है कि नहीं यहाँ से। देखो, मेरी बात को हल्के से मत लो...सबसे बड़ी बात...लोग अपनी विरादरी के हैं। पैसे वाले हैं। फिर लड़का खुद राजी है। रिश्ता खुद चल कर आया है हमारे घर। दहेज की भी कोई डिमांड नहीं है उनकी। वरना लड़के वाले आजकल कितना मुँह फाड़ते हैं?

श्रीधर : तु हारी सब बात ठीक है। लेकिन अपनी मनीषा अभी बहुत छोटी है। पढ़ने-लिखने में कितनी होशियार है वो...और वो क्या...अपनी तो दोनों बेटियाँ पढ़ने-लिखने में क्या और भी हर बात में एक्सपर्ट है। जब तक दोनों अच्छे से पढ़-लिख नहीं जातीं...मैं उनकी शादी नहीं करूँगा।

सुधा : कर दी ना वही बात। देखो, बेटी जितनी जल्दी अपने घर जाये, उतना अच्छा...

श्रीधर : सुधा!...तुम क्यों मेरी बेटियों के पीछे पड़ी हो। देखो, माना कि शादी ज़रूरी है, लेकिन सही वक्त पर। अभी मनीषा की शादी का वक्त नहीं आया है। अब आयेगा, तो हम उसकी शादी करेंगे ना धूम-धाम से।

सुधा : तुमसे तो बात करना ही बेकार है।

श्रीधर : तो क्यों कर रही हो बात?

सुधा : हूँ...(चिढ़कर) कहती हूँ भले ही लगती है बुरी।

दृश्य सं. 7

मनीषा के पिता का घर

[पात्रः–गोविंद; सुधा; श्रीधर]

(फोन की घंटी की आवाज़)

श्रीधर : हैलो!...जी मैं बोल रहा हूँ।...अरे गोविंद बाबू! आप!! ...हाँ...हाँ बोलिये...नहीं गोविंद बाबू! आज मैं द. तर नहीं आया। थोड़ा घर काम था। क्या!! अभी द. तर आ जाऊँ!! क्या!! स्टोर के रिकार्ड में कुछ गड़बड़ मिली है। अरे नहीं...ये कैसे हो सकता है गोविंद बाबू! मैं अपना रिकार्ड एकदम सही रखता हूँ...ठीक है, मैं अभी आता हूँ।

सुधा : तुम पैसे मांग रहे थे।...तु हें कहीं जाना था ना...

श्रीधर : अब नहीं जाना।

सुधा : क्यों?

श्रीधर : अब मैं द. तर जा रहा हूँ।

सुधा : द. तर!! पर द. तर से तो तुमने आज छुट्टी ली थी ना...अरे सुनो...चल गये (दरवाज़ा तेज़ी से खुलने और बंद होने की आवाज़)

दृश्य सं. 8

बाजार

[पात्रः–मनीषा; मानसी]

(बाज़ार का शोर), (साईकिल की घंटी की आवाज़)

मानसी : दीदी! दीदी! ब.र्फ़ के गोले वाला...दीदी! साईकिल रोको ना ब.र्फ़ का गोला खाते हैं...

मनीषा : अरे नहीं...देर हो रही है मानसी!

मानसी : दीदी! (ठिनकती है) खाते हैं ना...

मनीषा : अच्छा, ठीक है...
(साईकिल रुकने की आवाज़)
भैया! दो गोले देना...कितने का है

गोले वाला : पाँच रुपये का एक...

मनीषा : ठीक है, दे दो...(ब.र्फ़ घिसने की आवाज़)

गोले वाला : बिटिया! शरबत हरे वाला डालूँ...या काले वाला

मानसी : मेरे में काले वाला...

मनीषा : और मेरे में हरे वाला...

गोले वाला : ये लो बिटिया!

मानसी : ऊँ...आँ...दीदी! अच्छा है ना

मनीषा : हाँ-हाँ (इसी बीच एक लड़के की आवाज़ आती है)

एक लड़का : ओए होये! ओ भई! हम भी तो अच्छे हैं।

दूसरा लड़का : जानेमन! क्या बात है...क्या होंठ हरे किये हैं...लो भई! लिपिस्टिक का रंग लाल-गुलाबी तो सबने देखा है...ये हरे रंग की लिपिस्टिक भी देख लो...

मनीषा : ए! छोड़ मेरा दुपट्टा...(गुस्से में)

एक लड़का : ओए होये! क्या गुस्सा है...

दूसरा लड़का : गुस्से वाली का नाम तो पूछ ले...

एक लड़का : बता ना तेरा नाम क्या है?

मनीषा : मेरे कंधे से हाथ हटा!! (बहुत गुस्से में)

दूसरा लड़का : भई! लड़की तो लाल मिर्ची है...

मानसी : ए! मेरी बहन के कंधे से हाथ हटा...

पहला लड़का : लो भई हरी मिर्ची भी बोली...

मनीषा : तू मेरे कंधे से हाथ हटाता है कि नहीं

पहला लड़का : नहीं हटाता! बोल क्या कर लेगी...?
(चाँटे की आवाज़) तड़ाक...

दूसरा लड़का : ओए तेरी...इसने तो थप्पड़ मार दिया

मानसी : दीदी! भाग...दीदी जल्दी...
(साईकिल चलने की आवाज़)
(लगातार घंटी बजने की आवाज़)

गोले वाला : मेरे पैसे...(घबराहट में) मेरे पैसे तो देती जाओ...
[दृश्य परिवर्तन]

दृश्य सं. 9

मनीषा के पिता का घर

[पात्रः-सुधा; मानसी; मनीषा; श्रीधर]

सुधा : मैंने पहले ही कहा था तु हारे पापा से...तु हें साईकिल ना दिलायें...जहाँ मुँह उठाया चल देती हो...लड़कियों को किसने बताया इतना घूमना...अरे! दिन भर बाहर रहोगी, तो ऐसी बातों को तो न्यौता तुम खुद ही दोगी ना...

मानसी : म ी! हम तो स्कूल से घर आ रहे थे

सुधा : तो सीधे घर आते ना। रास्ते में क्यों रुक गई गोला खाने?

मानसी : म मी मन कर रहा था

सुधा : आई मन की बच्ची! अरे! उन लफंगो लड़कों ने एक-दो बात बोल भी दी थी, तो तुम चुप रह जातीं...पता है कितना ख़राब ज़माना है, कोई भी हादसा होते देर लगती है क्या?...

मनीषा : म मी! बात अगर बात तक ही होती, तो शायद हम चुप भी रह जातीं, लेकिन उन्होंने तो लिमिट ही क्रॉस कर दी...

सुधा : बेटा! आवारा लड़कों के मुँह नहीं लगते। शरीफ लड़कियों को मुँह नीचा करके चुपचाप ऐसी जगह से निकल आना चाहिये...तु हें क्या लगता है वो चुप बैठेंगे...वो तु हें फिर परेशान करेंगे...अब तुम दोनों के लिये यही अच्छा है कि तुम कुछ दिनों तक घर से बाहर ही ना निकलो

मनीषा : ये क्या बात हुई? हमें तो रोज़ स्कूल जाना है...रोज़मर्रा के दस काम हैं। कुछ लफंगों के डर से हम घर से बाहर निकलना ही छोड़ दें...कमाल है अपराध वो करें और सज़ा हम भुगतें। म मी! हम बाहर जायेंगी...और ज़रूर जायेंगी...और अगर उन्होंने बत्तमीजी की तो हम पुलिस में कंप्लेंट करेंगी।

सुधा : ठीक है, जब तुम झाँसी की रानी हो, तो मुझसे क्यों कह रही हो? तु हें तु हारे पापा ने सिर पे चढ़ा रखा है।

(श्रीधर का आगमन)

श्रीधर : क्यों मेरी बच्चियों पे बरस रही हो? (लड़खड़ाते हुए)

सुधा : अरे! तुम आ गये!...अरे...रे...क्या हुआ? (घबराकर)

मानसी : पापा! पापा!...अरे! मनीषा! पापा को संभाल...पापा गिरेंगे।

मनीषा : सोफे पर बैठ जाओ...मानसी! पाप के लिये पानी ला...

मानसी : (हड़बड़ाहट में) लाती हूँ...

सुधा : क्या हुआ जी? तबियत ठीक नहीं है...

मानसी : पापा! पानी...

(पानी पीने की आवाज़)

श्रीधर : हूँ...(थोड़ा गहरा स्वास खींचते हैं)...ठीक है। अब थोड़ी राहत मिली।

सुधा : क्या हुआ था जी?

श्रीधर : थोड़ी घबराहट हो गई थी।

सुधा : क्यों?

श्रीधर : सुधा! बड़े साहब ने मुझे सस्पैंड कर दिया।

सुधा : हैं! मगर क्यों?

श्रीधर : कहते हैं मैंने स्टोर में गड़बड़ी की है।

सुधा : स्टोर में गड़बड़ी!! आपने!!

श्रीधर : वो ऐसा कहते हैं

मनीषा : पर पापा! हमें मालूम है। आप ऐसा कुछ नहीं कर सकते।

श्रीधर : पर बेटा! वो तो कहते हैं ना...मैंने किया है। इनक्वायरी बैठेगी अब।

मानसी : पापा! इनक्वायरी में कुछ नहीं निकलेगा। आप बेफ़िक्र रहिये...

श्रीधर : पर स्टोर से सामान तो गायब हुआ है और स्टोर मेरे अंडर है।

मनीषा : जिसने भी ये काम किया है...ईश्वर पे भरोसा रखिये...वो पकड़ा जायेगा।

श्रीधर : पर बेटा! मुसीबत तो आ ही गई है।

ये आकाश मेरा भी है
(भाग-3)

दृश्य सं. 1

मनीषा का घर

[पात्रः-मनीषा; नताशा]

मनीषा : नताशा! पापा सस्पैंड क्या हुये...हमारे परिवार पर तो मुसीबतों का पहाड़ ही टूट पड़ा। पापा के केस में इनक्वायरी बैठी हुई थी, लेकिन साल होने आया था नतीजा कोई नहीं आ रहा था। आमदनी कम थी और खर्चे बढ़ रहे थे। म मी तो हर दम झुंझलाई रहती थी। मैं बारहवीं में मानसी ग्यारहवीं में और मयंक दसवीं क्लास में आ गया था...। म मी हर वक्त हमें डाँटती रहती थी...लेकिन मयंक पर उनका लाड़-प्यार वैसा ही था। बल्कि यूँ कहूँ और भी ज़्यादा बढ़ गया था। नतीजा...

दृश्य सं. 2

[लैशबैक प्रारंभ]

मनीषा के पिता का घर

[पात्रः-श्रीधर; मयंक; सुधा]

श्रीधर : मयंक!

मयंक : जी पापा!

श्रीधर : इतनी देर से कहाँ था बेटा?

मयंक : पापा! मैं अपने दोस्त के यहाँ पढ़ने गया था

श्रीधर : पर तुम तो खाली हाथ घुसे हो घर में...

मयंक : पापा! वो...वो मेरी किताबें दोस्त के घर पर ही हैं। अब फिर

पढ़ने जाऊँगा ना...

श्रीधर : अच्छा!...कौन-से दोस्त के यहाँ पढ़ने गये थे? ज़रा मुझे भी तो बताओ...

मयंक : पापा! वो...पापा!...निखिल के यहाँ गया था

श्रीधर : निखिल...ठीक है। लाओ, ज़रा मुझे उसके घर का फोन नंबर दो...

मयंक : पापा! (घबराकर) उसके घर का फोन नंबर तो मुझे याद नहीं है...

श्रीधर : याद नहीं है!! (उपहास उड़ाते हुये) या तुम झूठ बोल रहे हो (गुस्से में)

मयंक : पापा! मैं...

श्रीधर : मयंक! मैं अभी शरद जी के घर से आया हूँ...उनका लड़का तेरा दोस्त है ना...उसी ने मुझे बताया तुम कहाँ थे...चौक पे अपने दोस्तों के साथ मटर गश्ती कर रहे थे...स्कूल से तुम दो बजे आये थे और अब शाम के सात बज रहे हैं...और ये...ये क्या है तु हारा रिपोर्ट कार्ड...तु हारी अल्मारी ठीक कर रहा था, तो मिला...तुमने तो दिखाया नहीं...ये मार्कस हैं तु हारे...इग्लिश में फोर्टी फाईव; फिजिक्स में फि टी...कैमिस्ट्री में फोर्टी टू...मैथ्स में फेल...तुम... तुम कर क्या रहे हो?...

(सुधा का प्रवेश)

सुधा : क्या हुआ जी! क्यों मेरे बेटे को डांट रहे हो?

श्रीधर : तुम इसी बेटे के लिये मरी जाती हो ना...ये देखो तु हारा बेटा क्या कर रहा है...नवाब साहब को मुँह हिलाते ही सब कुछ हाज़िर चाहिये...लेकिन बदले में हमें क्या मिल रहा है...धर पे कितनी मुसीबत आई हुई है...पर तेरे से कुछ कहा है...तेरा कोई खर्चा कम किया है...सिर्फ़ इसलिये कि तेरा मन पढ़ाई में लगे। लेकिन तू...

सुधा : अजी! क्यों बेचारे के पीछे पड़ गये हो...दोपहर का पढ़ने गया, तो अब आया है...

श्रीधर : (उपहास-सा उड़ाते हुये) तु हारा लाल तु हारा खूब बेवकूफ बना रहा है...पूछो..पूछो इससे कितना पढ़ कर आया है...

सुधा : बेटा! तेरे पापा क्या कह रहे है?...

श्रीधर : क्या बोलेगा ये...पढ़ने नहीं गया था ये...ज़रूर तुमसे पैसे ले गया

होगा। चौक के बाज़ार में अपने दोस्तों के साथ मटर-गश्ती कर रहे थे साहब...।

मयंक : पापा! सॉरी

श्रीधर : क्या सॉरी!

सुधा : अजी! अब सॉरी बोल तो दिया...आगे से नहीं करेगा ये।

श्रीधर : ठीक है...आगे से ऐसा ना हो।

दृश्य सं. 3

सड़क पर/सड़क का वातारवण/मोटर साईकिल रुकने की आवाज़

[पात्र:-रोबिन; मयंक; गुलशन]

रोबिन : मंयक!...ओ मयंक!...क्या बात है यार! आजकल तो तू हमसे मिलने भी नहीं आ रहा...क्या बात है...और दोस्त बना लिये हैं तूने? यार! बोल तो सही। तू तो हमसे बोल ॉी नहीं रहा है...

मयंक : यार! आजकल मैं पढ़ाई में लगा हूँ...

गुलशन : ओए क्या बात है! तो भाई आजकल पढ़ाकू हो रहा है, भाई रोबिन! हम तो गंदे बच्चे है...हम तो पढ़ते ही नहीं है...अब ये गंदे बच्चों के साथ क्यों मस्ती करेगा?

रोबिन : अब तो ये अच्छे बच्चों के साथ घूमेगा...है ना-(हँसता है)...क्या यार! तुझसे ये उ मीद नहीं थी...अबे चल...देख, ये नई मोटर साईकिल दिलाई है इसके बाप ने...चल, मस्ती करके आते हैं...अबे चल ना...(मोटर साइकिल की आवाज़) (रेस देता है)

मयंक : नहीं यार! वो पापा से मैने प्रोमिस किया है। अब मैं...

गुलशन : ओ तेरी!...अबे ये तो आज्ञाकारी पुत्र हो गया है (व्यंग्य में)...पुत्र! हमने तेरे ऊपर बहुत पैसे खर्चे हैं...अब तेरे खर्चने की बारी आई, तो तूने आना ही बंद कर दिया...

मयंक: नहीं यार! जो तुम समझ रहे हो वो बात नहीं है...

रोबिन : तो क्या बात है...यारों से क्या छिपाना...बता दे ना।

मयंक: यार! (धूर्तता से) अब कुछ दिन तो पापा को अच्छा बन कर दिखाना पड़ेगा ना...(होंठ दबाकर) थोड़े दिन तो सबर करो ना...

रोबिन : ओए ओए ओए क्या बात है!...हम तो समझे...अपना फ्रैन्ड

सचमुय साधु हो गया...तो इसका मतलब तू यारों की महफ़िल से कुछ दिन के लिये छुट्टी पर है...

मयंक: येही समझ लो...रोबिन! (घबराकर)...तुम जाओ। सामने से मेरे पापा आ रहे हैं...

गुलशन : ओए! चल ओए चल...ठीक है, फिर मिलते हैं

(मोटर साईकिल के सड़क पर चलने और दूर जाने की आवाज़)

श्रीधर : अरे! मयंक बेटा! कहाँ जा रहा है?

मयंक: पापा! म मी ने कपड़े धोने का पाऊडर मंगाया है।

श्रीधर : ठीक है बेटा! ले आ।

दृश्य सं. 4

मनीषा के पिता का घर

[पात्रः-मनीषा; मानसी; श्रीधर]

मानसीः पापा! पापा! (लगभग चिल्लाते हुये) (उत्तेजित-सी) आप कहाँ हो? पापा!

श्रीधर : अरे बेटा! क्यों शोर मचा रही है। आ रहा हूँ...बोल...

मानसी : पापा! पापा!...मनीषा दीदी ने हाफ ईअरली एक्ज़ाम में टॉप किया है

श्रीधर : अरे वाह! क्या बात है!! पर मनीषा कहाँ है?

मानसी : आ रही है पापा! मैं ज़रा आगे जल्दी-जल्दी भाग आई...लो आ गई।

श्रीधर : मुबारक हो बेटा!

मनीषा : थैंक्यू पापा!

श्रीधर : बेटा! तूने मेरा दिल खुश कर दिया।

मनीषा : पापा! सब आपका आशीर्वाद है

श्रीधर : ओ नहीं बेटा! मेरा आशीर्वाद तो है ही...तेरी मेहनत भी है...ओए! कौन कहता हैं बाप का रोशन करने के लिये बेटों की ही ज़रूरत होती है...बेटियाँ भी बाप को शोहरत का सेहरा पहना सकती है...आजा बेटा! आजा...गले लग जा...

मनीषा : पापा! (भावुक हो कर)

श्रीधर : बेटा! अब तुझे बोर्ड के एक्ज़ाम में मोर्चा मारना है...

मनीषा : पापा! आप बेफ़िक्र रहिये। वहाँ भी दिखा दुंगी कि मैं आपकी बेटी हूँ...(सुधा का आगमन)

सुधा : अरे भई! क्या हुआ है? बाप-बेटियाँ शोर मचा कर वैसे ही खुश हुये जा रहे हो...कुछ मुझे भी तो बताओगे?

मानसी : म मी! दीदी ने हाफ इअरली एक्ज़ाम में टॉप किया है...

सुधा : अच्छा! (निरुत्साह में) बड़ी खुशी की बात है...

श्रीधर : मयंक की माँ! तुम कहती हो ना बेटियाँ क्या करेंगी...देखो, बेटियों ने कमाल करना शुरु कर दिया है...अरे! मयंक कहाँ है? उसे भी तो बुलाओ (खुशी में)...
(इसी बीच फोन की घंटी बजती है)
(फोन उठाने की आवाज़)

मानसी : हैलो!...जी हाँ...श्रीधर सोनी जी के घर से ही बोल रही हूँ...जी हाँ...वो हैं...बात कराती हूँ...पापा! आपका फोन है।

श्रीधर : हैलो! जी हाँ, मैं श्रीधर सोनी बोल रहा हूँ...क्या!! थाने से बोल रहे हैं...जी हाँ...मयंक सोनी मेरे बेटे का ही नाम है...क्या!!! जी...जी...जी...जी...मैं आता हूँ (घबराये और थके स्वर में)
(फोन क्रेडल पर रखने की आवाज़)

मनीषा : क्या हुआ पापा! (घबराहट में)

श्रीधर : मयंक को पुलिस ने पकड़ लिया है...उसे थाने में बैठा रखा है...

सुधा : हैं!! (घवराहट में) मयंक को पुलिस ने थाने में बैठा रखा है!! हाये...क्यों बैठा रखा है...(घवराहट में उखड़ी हुई साँस के साथ)...हये...अभी अभी तो मयंक यही था...इत्ती-सी देर में कहाँ चला गया...

श्रीधर : इत्ती-सी देर से नहीं...बहुत देर से तो मैं देख रहा हूँ वो घर में नहीं है

सुधा : अये हये! (घबराहट में) अब...अब बात ही करते रहोगे...या जाओगे भी अब...ये मयंक को भी थाने में जाने की क्या सूझी थी...जो उसे पुलिस ने पकड़ लिया (रोआँसी-सी)

श्रीधर : वो थाने में नहीं गया। बल्कि पुलिस उसे पकड़ कर थाने ले गई है।

मनीषा : पर पापा! मयंक को पुलिस ने क्यों पकड़ा है?

श्रीधर : बेटा! वो इन्सपैक्टर कह रहा है मयंक और उसके दोस्त बिना हैलमैट...बिना लाइसैंस के शराब पी कर बाईक चलाते हुये

पकड़े गये हैं।

मनीषा : लेकिन पापा! मयंक के पास बाईक!

श्रीधर : बेटा! होगी उनमें से ही किसी दोस्त की...

सुधा : हये! मुझे तो बड़ी घबराहट हो रही है...आप जल्दी जाओगे...कहो तो मैं ाी चलूँ?

श्रीधर : नहीं...। मनीषा। अपनी म मी को संभालो। मैं थाने जा रहा हूँ।

दृश्य सं. 5

पुलिस स्टेशन

[पात्रः-इन्सपैक्टर सिसौदिया; मयंक; श्रीधर]

श्रीधर : (स्वगत) ये थाने में तो आ गया मैं। अब इन्सपैक्टर सिसौदिया से मिलना है। यही नाम बताया था उस इन्सपैक्टर ने अपना। अरे! ये मयंक बैठा तो है सामने ...वो सामने इन्सपैक्टर सिसौदिया ही होंगे...(पदचाप)...

श्रीधर : जी मैं मयंक का पापा हूँ श्रीधर...श्रीधर सोनी...

इ. सिसौदिया : आइये...ऐ लड़के! ये ही हैं तेरे पापा!

मयंक : जी इन्सपैक्टर साहब!

इ. सिसौदिया : सोनी साहब! ऊपर वाले का धन्यवाद कीजिये जो ये बच गये...मामूली चोटें ही आई इनको...वरना...इतनी तेज़ गाड़ी चला रहे थे कि कुछ भी हो सकता था... गाड़ी रपट गई...फिर भी बच गये। तीनों ने शराब पी रखी है...मैंने मैडीकल चैक-अप करा लिया है।

श्रीधर : मयंक! तूने शराब पी!! तूने तो मुझसे सॉरी बोला था और अब तू इतना आगे बढ़ गया...

इ. सिसौदिया : मैं तो इनके खिलाफ एफ.आई.आर दर्ज़ करने जा रहा था, लेकिन इनकी उम्र देख कर रुक गया। इन्होंने बताया ये अभी स्कूल में ही पढ़ते हैं। तरस आ गया मुझे इन पर...एक बार अगर एफ.आई.आर. दर्ज़ हो गई, तो जिंदगी भर के लिये दाग़ लग जायेगा इनके माथे पर...

श्रीधर : इन्सपैक्टर साहब! आपने जो करना है कीजिये इनका। मुझे कुछ लेना-देना नहीं है...

मयंक : पापा! पापा!...सॉरी!...गलती हो गई...आगे से बिल्कुल ऐसा

नहीं करूँगा। मैं...मैं तो इनके साथ आ ही नहीं रहा था...इन्होंने मुझे जबरदस्ती बाईक पर बैठा लिया...पापा! पापा! मुझे बचा लीजिये...मैं आपके पाँव पड़ता हूँ।

श्रीधर : दूर हट दुष्ट! तेरे मुँह से शराब की बदबू आ रही है

मयंक: पापा! (लगभग रोते हुये) मैंने नहीं पी। इन लड़कों ने मुझे जबरदस्ती पिला दी...

श्रीधर : जबरदस्ती पिला दी...(अत्यंत क्रोध)...तू कोई दूध पीता बच्चा है जो तुझे जबरदस्ती पिला दी...तेरे बाप ने इतनी उम्र हो गई...कभी शराब की एक बूंद नहीं चरवी...और तू इस उम्र में...इन्सपैक्टर साहब!... बंद कर दीजिये इसे...

मयंक : पापा! ऐसा मत कहिये...

इ. सिसौदिया : मिस्टर सोनी!...प्लीज़ होल्ड योर सैल्फ...मुझे पता है आपके दिल पर क्या बीत रही है। लेकिन बी पेशैंट...मुझे इन लड़कों को बंद करना होता तो पहले ही बंद कर देता...मैंने इनकी अच्छी-खासी क्लास ले ली है। इन्होंने प्रॉमिस किया है, ये अब आगे से ऐसा काम नहीं करेंगे...कोई बात नहीं...ये इनका पहला जुर्म है...मैंने इन्हें माफ कर दिया है...आप भी कर दो...

श्रीधर : इन्सपैक्टर साहब! अब मैं क्या कहूँ...

इ. सिसौदिया : ए! चलो...इधर आओ...इस माफीनामे पर साईन करो...ठीक है अब जाओ। सोनी साहब! ले जाइये अपने बेटे को...

श्रीधर : चल...

इ. सिसौदिया : ए! तुम दोनों कहाँ चल दिये? तुम दोनों के माँ-बाप को भी बुलाया है ना मैने...

दृश्य सं. 6

मनीषा के पिता जी का घर

[पात्रः-श्रीधर; सुधा; मयंक]

श्रीधर : लो, आ गया तु हारा सपूत...तु हारा कुल दीपक।

सुधा : अरे! मेरा बच्चा...मेरा लाल...मेरा लाल आ गया...

श्रीधर : लिपट लो-लिपट लो अपने लाल से...बहुत तारीफ़ वाले काम करके आया है ना तु हारा लाल...कितना मना किया...इतना ज़्यादा लाड़-प्यार मत करो कि बच्चा बिगड़ ही जाये...पर तुम

नहीं मानती...थाना तो दिखा दिया है अब और ना जाने क्या-क्या दिखायेगा...मनीषा! (पुकारता है)

मनीषा : जी पापा! (अवसादपूर्ण स्वर)

श्रीधर : बेटा! एक गिलास पानी देना!

मनीषा : जी पापा!

दृश्य सं. 7

मनीषा के पिता का घर

[पात्रः-मनीषा; मयंक]

मनीषा : मंयक!

मयंक: जी दीदी!

मनीषा : तू किस मिट्टी का बना है? तुझे ज़रा भी अफ़सोस नहीं होता अपने माँ...बाप को दुःख पहुँचाते हुए। तेरे पास आत्मा नाम की चीज़ है कि नहीं... या उसकी जगह पत्थर रखा हुआ है। घर की स्थिति तुझसे छिपी नहीं है...पापा! किस-किस तरह घर का ख़र्चा चलाते हैं...हम लोगों की फीसें भरते है...पैसे की तंगी कितनी है, लेकिन फिर भी तेरी हर इच्छा पूरी करते हैं। भैया! बेशक म मी तुझे ज़्यादा प्यार करती है...लेकिन तुझे जरा भी कुछ होता है दिल हमारा भी काँप जाता है...मैने रात को पापा की आँखों में आँसू देखे थे...उन्हें तुझसे कितनी उ मीदें हैं, लेकिन तू...तुझे तो जैसे किसी की परवाह ही नहीं है। ऐसा क्यों कर रहा है तू?

मयंक : दीदी! आई ऐम सॉरी!...पता नहीं कैसे, लेकिन वो लड़के मेरे दोस्त बन गये और मैं ी उनके रंग में रंग गया। लेकिन दीदी! मैं प्रॉमिस करता हूँ मैं आगे से ऐसा कुछ नहीं करूँगा जिससे किसी को कोई तकलीफ हो...

मनीषा : फिर झूठा प्रॉमिस कर रहा है।

मयंक : नहीं दीदी! मैं सच बोल रहा हूँ।

मनीषा : अगर आगे से तूने ऐसा कुछ भी किया...मेरा मरा मुँह देखेगा तू (रोआँसी-सी)

मयंक : दीदी! ऐसे मत बोलो

[लेशबैक समाप्त]

दृश्य सं. 8

मनीषा का घर

[पात्रः-मनीषा; नताशा]

मनीषा : नताशा! इसके बाद ना जाने ये कैसे हुआ, मयंक सचमुच बदल गया। वो हम दोनों बहनों के बहुत क्लोज़ आ गया। पहले वो अपनी कोई बात हमसे डिस्कस नहीं करता था, लेकिन अब वो अपनी हर बात हमसे डिस्कस करने लगा। यहाँ तक कि म मी हम बहनों को कुछ कहतीं, तो वो उनसे भी लड़ पड़ता।

नताशा : क्या बात है!! फिर तो घर का वातावरण ही बदल गया होगा... ?

मनीषा : हाँ, पापा बहुत खुश थे।...और हम भी। लेकिन म मी के बर्ताव में फिर भी कोई खास फर्क नहीं आया था। हमको लेकर वो अभी भी झुंझलाई रहती थी। एक दिन वो हम बहनों के बारे में पापा से बात कर रही थीं। मैं सपने में भी नहीं सोच सकती थी कि म मी हम बहनों के लेकर ऐसा भी सोच सकती हैं। मैंने सुना तो धक्का-सा लगा था...

[लेशबैक प्रारंभ]

दृश्य सं. 9

[पात्रः-श्रीधर; सुधा]

सुधा : क्या बात है जी! इतनी रात को उठ कर बैठ गये हो?

श्रीधर : नींद नहीं आ रही...

सुधा : क्यों?

श्रीधर : बड़ी चिंता हो रही है। आठ महीने हो गये सस्पैंड हुये...अभी तक इनक्वायरी कमैटी ने रिपोर्ट ही नहीं दी है। समझ नहीं आता सब कुछ कैसे चलाऊँ। आधी तन वाह में कुछ होता है क्या...। तीनों बच्चों के स्कूल की फीस...मयंक की ट्यूशन...घर का राशन-पानी...रोजमार्रा का खर्च...कैसे चलाऊँ सब! खर्चा चलाने के चक्कर में एक एफ.डी. भी टूट गई है। सोचा था मनीषा की शादी में काम आयेगी। अगर ऐसे ही चलता रहा, तो बाकी एफ.डी. तोड़नी पड़ेंगी।

सुधा : बुरा ना मानो तो एक बात कहूँ जी

श्रीधर : कहो...

सुधा : मुझे तो ये समझ में नहीं आ रहा है आप लड़कियों की पढ़ाई पर इतना ख़र्च कर क्यों रहे हो? आज नहीं तो कल उन्हें दूसरे घर जाना ही है। अब जितना पढ़ ली, काफी है। ससुराल में जाकर तो उन्हें वही सब करना है जो सब लड़कियाँ करती हैं। चौका...चूल्हा...झाड़ू-बर्तन...मैं तो कहती हूँ बारहवीं पास करते ही दोनों की शादी कर दो। मनीषा के लिये तो वैसे ही बहुत अच्छा रिश्ता आया हुआ है अभी जयपुर वाले उस लड़के की शादी कहीं तय हुई नहीं है। दिल्ली वाले मामा जी का कल फोन आया था। आप हाँ कहो तो मैं कल ही मामा जी को हाँ कर दूँ...

श्रीधर : सुधा! फिर वही बेअक्लों वाली बात कर रही हो

सुधा : मुझे मालूम था तुम यही कहोगे। इसलिये, मैंने अब कुछ कहना ही बंद कर दिया है...पर लड़कियों की माँ हूँ। इसलिये, कहे बिना रहा भी नहीं जा रहा है...। देखो जी! अभी कुछ पता है आप नौकरी पर कब बहाल हो...अभी तो कुछ जोड़ा-संगोड़ा है हमारे पास...अगर ऐसे ही चलता रहा, तो ये भी खत्म हो जायेगा। इसलिये कहती हूँ मनीषा की शादी के बारे में सोचो। एक लड़की तो अपने घर जायेगी...

श्रीधर : सुधा! ज़माना बदल गया है। पर तुम वहीं-की-वहीं हो। मैंने तुमसे पहले भी कई बार कह दिया है...और अब फिर कह रहा हूँ...मैं मनीषा की शादी अभी नहीं करूँगा और जिस लड़के की तुम बात कर रही हो...उस लड़के के बारे में मैंने पता किया था। उस लड़के की उम्र सत्ताईस साल की है। अपनी मनीषा तो अभी अट्ठारह की भी नहीं हुई...

सुधा : शादी नहीं करनी है ये अलग बात है। लेकिन लड़के की उम्र कोई बड़ी तो ना है। आपकी छोटी बहन की जब शादी हुई, तो आपके छोटे जीजा आपकी छोटी बहन से दस साल बड़े थे...

श्रीधर : तु हारे पास हर बात का जवाब है। देखो, मैं तुमसे कोई बहस नहीं करना चाहता...

सुधा : बहस नहीं करनी है, तो मत करो। लेकिन इससे बात तो खत्म नहीं हो जायेगी। मैं तो फिर कहती हूँ...अपनी ये बेकार की ज़िद छोड़ो...और मैं जो कह रही हूँ उस पर ज़रा शांति से सोचो...कहीं

ऐसा न हो लड़कियों को पढ़ाने के चक्कर में ऐसे ही खर्चा चलता रहे...और पता चला एक दिन ना मयंक पढ़ पाया और ना ये लड़कियाँ...

श्रीधर : (हँसता है) आ गई ना असली बात पर। तु हें लड़कियों से ज़्यादा मयंक की चिंता है।

सुधा : क्यों ना हो। आप ही बताओ। अपनी आज की आमदनी में किस-किस को पढ़ा लोगो तुम ?...मयंक तो हमारा बेटा है। उसने तो हमारे पास ही रहना है। इन लड़कियों का क्या है ये तो दूसरे घर जायेंगी...

श्रीधर : सुधा! (झुंझलाते हुये) अगर मयंक हमारे पास न रहा, तो...फिर क्या करोगी तुम ?...कैसी माँ हो तुम ? सुधा! लड़कियों को पढ़ाने का मतलब उन्हें हर तरह से मजबूत बनाना है ताकि आगे जिंदगी में कैसे भी हालात आयें वो उनका मजबूती से मुकाबला कर सकें...मैं तु हें समझा-समझा कर थक गया हूँ आज के ज़माने में लड़का-लड़की सब बराबर हैं, लेकिन तु हारी समझ में ही नहीं आता है...

सुधा : समझ में आयेगा भी नहीं।

श्रीधर : देखो, मैं तुमसे और बहस नहीं करना चाहता...तुम भी सो जाओ और मैं भी सो जाता हूँ।

[लैसबैक समाप्त]

दृश्य सं. 10

मनीषा का घर

[पात्रः-मनीषा]

मनीषा : पापा म मी को पता नहीं था कि मैं उनकी बात सुन रही थी। उस रात पापा म मी तो सो गये, लेकिन मैं सारी रात जागती रही और सोचती रही कि मयंक को भी म मी ने जन्म दिया है और हम बहनों को ी...एक माँ अपनी संतानों के बीच ऐसा फर्क कैसे कर सकती है ?

ये आकाश मेरा भी है
(भाग-4)

दृश्य सं. 1

मनीषा के पिता का घर

[पात्रः-श्रीधर; सुधा; मनीषा; मयंक; मानसी]

(आरती की घंटी का स्वर)

सुधा : (गाते हुये)
जय अ बे गौरी! मैया! जय अ बे गौरी
भुजा चार अति शोभित, वर मुद्रा धारी
मन वांछित फल पावत, सेवत नर नारी
श्री अंबे जी की आरती जो कोई जन गावे
भक्ति भाव श्रृद्धा से सुख स पत्ति पावे
जय अ बे गोरी! मैया जय अ बे गौरी...
(श्रीधर का प्रवेश)

श्रीधर : सुधा! सुधा! (उत्तेजित-से) अरे भई कहाँ हो तुम (दूर से आता स्वर)...ओ! पूजा कर रही हो...कर लो...कर लो...मेरा भी अभिनंदन स्वीकार करो माँ!...आपने मेरी सुन ली...जय हो! जय हो! अ बे माँ! तेरी सदा ही जय हो।
(आरती की घंटी का स्वर बंद होता है और सुधा की आरती भी)

सुधा : क्या बात है आज बड़े खुश नज़र आ रहे हो?...

श्रीधर : मयंक की म मी! बात ही कुछ ऐसी है...तुम सुनोगी तो तुम भी खुश हो जाओगी। माँ भवानी की कृपा से दो-दो खुशी एक साथ आई हैं हमारे घर में...मैं नौकरी पर बहाल हो गया।

सुधा : क्या!! (खुशी में रोआँसी-सी) ये तो आपने सचमुच बहुत खुशी की बात सुनाई जी!...अ बे माँ! तेरी जय हो। तूने मेरी सुन ली।

श्रीधर : और...और भी तो सुनो मयंक की म मी! हमारी मनीषा... हमारी मनीषा

सुधा : उसके लिये रिश्ता मिल गया क्या? (खुश होकर)

श्रीधर : तु हारे दिमाग़ में उसकी शादी के अलावा कोई बात आती है कि नहीं...सुधा। हमारी मनीषा बारहवीं के बोर्ड के इ तिहान में अपने स्कूल में फर्स्ट आयी है।

सुधा : अच्छा!!

श्रीधर : हाँ...अरे! मनीषा के साथ में भी गया था उसके स्कूल उसका रिजल्ट देखने। प्रिन्सीपल साहिबा मनीषा की तारीफों के पुल बाँध रही थीं। मनीषा बेटा! ओ मनीषा बेटा!...अरे कहाँ रह गयी...अरे मेरी भवानी! माँ भवानी का भी तो आशीर्वाद ले ले...

मनीषा : आई पापा! (दूसरे कक्ष से आता स्वर)...दीदी! अब तो पार्टी होगी...दीदी! घर में नहीं, कहीं बाहर चलेंगे...

मनीषा : कह दिया ना...हाँ।...पापा बुला रहे हैं...जाने दो...

श्रीधर : अरे मयंक, मानसी तुम भी आ जाओ।

मयंक : आये पापा!

[लैशबैक समाप्त]

दृश्य सं. 2

मनीषा का घर

[पात्रः-मनीषा; नताशा]

मनीषा : उस दिन पापा बहुत खुश थे और मैं भी। सब कुछ बदल गया था। उसके बाद मैंने गवर्नमेंट कॉलेज से इंजीनियरिंग की पढ़ाई की और इंजीनियर बन भी गई। जॉब भी मुझे तुरन्त मिल गई। पर कुछ था जो नहीं बदला...था मैं कहूँ अभी भी बहुत ज़्यादा नहीं बदला है...और जो मुझे बारबार अहसास दिलाता रहता है कि मैं एक लड़की हूँ। मेरे साथ नहीं घटता तो मेरे इर्द-गिर्द या मुझसे कहीं दूर किसी लड़की के साथ ऐसा कुछ घट जाता है जो मुझे डराता है और ये डर मेरे मन के किसी कौने में बना ही रहता है। नताशा! मेरे पिताजी ने मेरी और मेरी बहन की शादी बड़ी धूमधाम से की थी। मेरे साथ तो ऐसा कुछ ना हुआ,

लेकिन मेरी बहन मानसी के साथ जो हुआ उसे याद करके ही मैं सिहर उठती हूँ...

नताशा : तेरी बहन मानसी के साथ!! उसकी तो अभी चार-पाँच साल पहले ही शादी हुई थी...मैं भी तो आई थी उसकी शादी में...

मनीषा : हाँ...तू भी आई थी उसकी शादी में। कितनी खुशी-खुशी पापा ने उसे ससुराल भेजा था...

[लैशबैक प्रारंभ]

दृश्य सं. 3

मनीषा ससुराल

[पात्रः-शारदा; राहुल; आशा तथा कुछ स्त्रियाँ]

(कुछ स्त्रियों के मिले-जुले स्वर)

एक स्त्री : अरी! दुल्हन आके दरवाज़े पर खड़ी हो गई है और ये शारदा है कि अभी तक आरती का थाल सजाने में लगी है...शारदा! जल्दी आ ना!

शारदा : बस आ रही हूँ मौसी जी!...ये दीया जला लूँ...लो आ गई...अरे रे! भैया! कहाँ घर में घुसे चले आ रहे हो...पहले मुझे आरती तो उतारने दो...हूँ...हूँ...ज़रा सीधे खड़ी हो...भाभी! आप आगे आओ ना...हूँ...अब ठीक है...भैया! ज़रा माथा तो आगे करो...मैं टीका लगा दूँ...भाभी! तुम भी...

दूसरी स्त्री : अरी! अब थाल तो घुमा...अपने भाई-भाभी की बलैंया तो ले। हाय! दोनों कितने ख़ूबसूरत लग रहे हैं...किसी की नज़र ना लगे...

आशा : आ जाओ भई! अब तुम दोनों अंदर आ जाओ। बहू! चलो, अब तुम अपना दायाँ पैर पहले उयोढ़ी के भीतर रखो।

शारदा : अरे वाह! अ मा! तुम बड़ी सयानी हो! भैया का खर्चा होने से बचा रही हो...ऐसे ना आने दूंगी घर के अंदर...लाओ भैया! पहले मेरा नेग दो।

राहुल : नेग!...ये क्या होता है?

शारदा : अच्छा! अब आपको ये भी समझाना पड़ेगा...ठीक है। मैं भी देखती हूँ आप कैसे आते हो अंदर...अपने आप समझ में आ जायेगा...नेग क्या होता है...?

राहुल : अरे रे! तू तो रास्ता ही रोक के खड़ी हो गई। अ मा! ये कोई जबरदस्ती है?

एक स्त्री : जबरदस्ती तो है भैया! ऐसा मौक़ा बारबार थोड़े ही आता है। शारदा! बिना नेग लिये आने मत देना...

शारदा : नहीं आने दूँगी...आप बेफ़िक्र रहो मौसी जी!...लाओ भैया! अगर घर के अंदर आना है, तो जेब तो ढ़ीली करनी पड़ेगी...

राहुल : तू नहीं मानेगी...अच्छा चल ये ले ग्यारह रूपये...

शारदा : ग्यारह रुपये!!!...ग्यारह हज़ार की बात करो (औरतें हँसती हैं)

एक स्त्री : फंस गये बेटा राहुल! दे दो...वरना बाहर ही खड़े रहोगे (हँसती है)

आशा : शारदा! तू तो भाई के पीछे ही पड़ गयी। राहुल! चल इसे ग्यारह सौ रुपये दे...

राहुल : अ मा! तुम

आशा : चल-चल दे

राहुल : तू नहीं मानेगी...ये ले पाँच सौ के दो और सौ का एक...पूरे ग्यारह सौ...और नहीं हैं

शारदा : थैंक्यू भैया! (खुश हो कर) आओ! अब भीतर आ जाओ। सॉरी! भाभी...थोड़ा परेशान करने के लिये...लेकिन इतना परेशान करना तो बनता है ना...

आशा : बहू! चल, अब अपना दाहिना पैर अंदर रख। हाँ...ये चावल भरा लोटा पाँव के अँगूठे से गिरा दे...।

दृश्य सं. 4

मानसी की ससुराल

[पात्रः-राहुल; आशा; मानसी; छुटकी]

आशा : बहू!...ओ बहू!

मानसी : अ मा जी पुकार रही हैं (फुसफुसा कर)

राहुल : ये अ मा भी...कभी भी पुकार लेती है तु हें

आशा : बहू! ओ बहू!...(पुकारती है)

मानसी : आई अ माँ जी!...

आशा : इतनी देर लगायेगी आने में बेटा! तो कैसे चलेगा...बेटा। सुबह-सुबह कितने काम होते हैं। इतनी देर तक सोयेगी तू?

मानसी : अ माँ जी! आज देर हो गयी। कल से नहीं होगी।

आशा : जा...जाकर ज़रा रसोई देख ले...कुछ नाश्ता-वाश्ता बना दे सबके लिये...

मानसी : जी अ माँ जी!

राहुल : (अंगड़ाई लेते हुये) क्या अ माँ! अभी बेचारी को आये हुये दो दिन हुए नहीं और तुमने उसे काम पर लगा दिया...

आशा : तू चुप कर...अरे! शुरु से इसे काम करने की आदत डालूँगी, तो ठीक रहेगा...वरना सिर पे चढ़ जायेगी...

राहुल : अ माँ! तुम भी...

आशा : चल...चल। अब अपनी बहुरिया की ज़्यादा तरफदारी ना कर। तू भी नहा-धो ले और दुकान जाने के लिये तैयार हो जा...

मानसी : अ माँ जी! (पुकारती है)

आशा : क्या है बहू?

मानसी : अ माँ जी! चाय की पत्ती कहाँ रखी है?

आशा : गैस जहाँ रखी है उसकी बगल वाली अलमारी में (नौकरानी से) ए छुटकी!

छुटकी : जी बीवी जी!

आशा : जा तो...जरा बहू को बता चाय की पत्ती कहाँ रखी है

छुटकी : जाती हूँ...
(पदचाप) नई बीबी जी! चाय की पत्ती यहाँ रखी है (दराज़ खिसकाने की आवाज़)

मानसी : अरे वाह! यहाँ तो मैंने देखा ही नहीं...छुटकी रानी! धन्यवाद!...पर एक बात तो बता तेरा नाम छुटकी ही है क्या?

छुटकी : नहीं बीवी जी! मेरा नाम तो संजना है। लेकिन क्या करूँ यहाँ मुझे सब छुटकी ही बोलते हैं...

मानसी : प्यार से बोलते है ना...तू तो मुझे बड़ी छोटी लग रही है...उम्र क्या है तेरी?

छुटकी : बीवी जी! नौ साल

मानसी : नौ साल!! अरे! तू तो एकदम छोटी-सी बच्ची है...

छुटकी : हूँ तो...पर इस घर के बहुत सारे काम मैं ही करती हूँ। अब देखो... आज ये जो आप चाय बना रही हैं...रोज मैं बनाती हूँ। झाड़ू-पौंछा...बर्तन... और जो भी बड़ी बीवी जी कहती हैं सब करती हूँ...अब आप जो भी कहेंगी वो भी कर दूँगी...देखो,

बीवी जी! क्या है ना मेरी माँ ने...

मानसी : अरे रे रे!...अब रुकेगी भी या बोलती ही जायेगी (हंसती है) बहुत प्यारी है तू।

आशा : (पुकारती है) मानसी बहू!

मानसी : जी अ माँ जी!

आशा : नाश्ते का क्या हुआ?

मानसी : ला रही हूँ अ मा जी!

आशा : और ये छुटकी वहीं रह गई क्या...भेज इसे...यहाँ सारा झाड़ू-पौंछा पड़ा है।

छुटकी : मैं जाती बीवी जी...

मानसी : ठीक है...ठीक है...जा

दृश्य सं. 5

मानसी की ससुराल

[पात्रः-मानसी; राहुल]

मानसी : राहुल तु हारा नाश्ता...

राहुल : मानसी! ज़रा छुटकी को बोलो मेरे ये जूते पॉलिश कर देगी।

मानसी : तुम खुद कर लो।

राहुल : मानसी!...तुम देख रही हो ना मैं ये दुकान का कुछ हिसाब-किताब कर रहा हूँ...आज कुछ लोगों से पैसे लेने जाना है।

मानसी : राहुल! तु हें नहीं लगता छुटकी बहुत छोटी है उससे हमें ऐसे काम नहीं करवाने चाहिये।

राहुल : तो क्या करवाना चाहिये?

मानसी : उसे या तो उसके घर वापस भेज देना चाहिये...या फिर हमें उसे पढ़ाना-लिखाना चाहिये।

राहुल : (हँसता है) पढ़ाना-लिखाना चाहिये!...मानसी! छुटकी नौकरानी है...पिछले साल अ माँ अपने मायके गई थीं, तो उसे ले आईं थीं। वहाँ उसकी माँ भी घरों में काम करती हैं। माँ ने तो उससे ऐसे ही कहा था कि घर में काम करने के लिये कोई छोटी लड़की बताओ...और उसने अपनी लड़की को ही अ मा के साथ कर दिया...तु हें नहीं पता गाँवों में कितनी ग़रीबी है...

मानसी : और उस ग़रीबी का हम फायदा उठायें। राहुल! बच्चे सिर्फ बच्चे

होते हैं...अमीर के हों या ग़रीब के...उनका बचपन छीनने का हक किसी को नहीं है...छुटकी की माँ तो ग़रीब थी...लेकिन जैसा तुमने कहा...अ मा जी को तो चाहिये ही थी...एक छोटी उम्र की नौकरानी। राहुल! चाइल्ड लेबर इज़ ए क्राइम...

राहुल : मानसी! दुनियाँ में छुटकी की तरह हजारों बच्चे हैं। कौन उनकी परवाह करता है? फिर हमें क्या ज़रूरत पड़ी है ये सब सोचने की...ओ समाज सुधारक जी! मेरे सामने तो ये सब कह दिया है, अ माँ के सामने मत कह देना। वरना अ माँ तुम पे ही बिगड़ जायेंगी और अब अगर तुम इज़ाज़त दो तो मैं ये दुकान का हिसाब-किताब कर लूँ।

आशा : बहू! ओ बहू!

राहुल : लो, अ माँ तु हें बुला रही हैं। जाओ...

मानसी : आई अ माँ जी!

दृश्य सं. 6

मानसी की ससुराल

[पात्रः-मानसी; आशा]

आशा : बहू!

मानसी : जी अ माँ जी!

आशा : एक बात बताओ। हमने तेरे पापा से दहेज में कुछ माँगा... नहीं ना... और नहीं माँगा तो तेरे पापा ने कुछ दिया भी नहीं...पर हमें पता है तेरे पापा ने तेरी बड़ी बहन की शादी बड़ी धूम-धाम से की थी और दिया-लिया भी खूब था।...हम तो शरीफ लोग थे। इसलिये कभी कुछ कहा भी नहीं। लेकिन ज़रूरत पड़ती है तो इंसान, इंसान के ही काम आता है...बेटा! अब तेरे आदमी को अगर पैसों की ज़रूरत पड़ेगी, तो वो इधर-उधर लोगों का मुँह देखेगा क्या...

मानसी : अ माँ जी! मैं कुछ समझी नहीं आप क्या कहना चाह रही हैं...?

आशा : बेटा! आज राहुल दुकान का काम बढ़ाने के लिये मुझसे पैसे माँग रहा था। अब मैं ठहरी बिधवा औरत। जो कुछ मेरे पास था वो तो मैं इसे पहले ही दे चुकी हूँ...अब कुछ जमा-पूँजी बची है मेरे पास...तो बिल्कुल खाली तो मैं भी अच्छी ना लगूँगी...मैंने

तो इससे कह दिया...बेटा! अब बहू के माँ-बाप भी तो तेरे माँ-बाप हैं...तूने कोई दहेज़ तो लिया ही नहीं...अब तुझे पैसों की ज़रूरत पड़ी है, तो तू अपने ससुर से माँग ले...कौनसी बड़ी रक़म है। दस लाख ही तो चाहिये तुझे।

मानसी : दस लाख!! अ माँ जी! पापा के पास इतने पैसे कहाँ से आये... ?

आशा : बहू! अगर दामाद को ज़रूरत पड़ेगी तो क्या ससुर जी इतना भी ना करेंगे?

मानसी : पर अ मा जी उनके पास पैसे तो हों... ?

आशा : बहू! पैसे होते कहाँ हैं...पैसे तो अरेंज करने पड़ते हैं...!

मानसी : पर इन्होंने तो मुझसे कुछ नहीं कहा?

आशा : अब कहेगा ना...आज ही तो मैंने उसे समझाया है...

दृश्य सं. 7

मानसी की ससुराल

[पात्रः-राहुल; मानसी]

राहुल : हाँ जगत भाई! बस अभी-अभी घर में एन्ट्री ही ली है...अरे नहीं-नहीं जगत भाई! धंधे से फुर्सत मिले, तो इधर-उधर निकलूँ ना...दुकान पर आजकल अकेला हूँ...दो नौकर थे दोनों छुट्टी पर गये हैं...हाँ जगत भाई! आऊँगा...ज़रूर आऊँगा...ठीक है जगत भाई। फ़ोन काटता हूँ...मानसी।...मानसी ...अरे! तुम यहाँ बैठी हो...मैं तु हें पुकार रहा हूँ और तुम हो कि बोल ही नहीं रही हो...क्या हुआ? क्यों मुँह फुलाये बैठी हो?...देखो, मैं तु हारे लिये क्या लाया...तु हें जलेबी बहुत पसंद है ना...

मानसी : नहीं खानी मुझे जलेबी

राहुल : अरे! तुम तो नाराज़ हो। क्या हुआ भई?

मानसी : तुमने सोच भी कैसे लिया। मैं पापा से पैसे मागूँगी?

राहुल : अरे!...अच्छा तो अ माँ से तु हारी बात हो गयी।

मानसी : हाँ...

राहुल : मानसी! मैं तो तुमसे बात करने ही वाला था अच्छा है, तुमने ही बात उठा दी...मानसी! दुकान अच्छी चल रही है, लेकिन मैं काम को और बढ़ाना चाहता हूँ। मैं तो अ माँ से ही पैसे माँग रहा था, लेकिन अ माँ बोली...

मानसी : बहू के बाप से ले लो...हूँ...दहेज नहीं माँगा तो ऐसे पैसे निकाल लो...बात तो वही हो गयी...राहुल! मेरे पापा एक नौकरी-पेशा इंसान हैं...उनके पास कहाँ से आयेंगे इतने पैसे?

राहुल : देखो, इतने दिन से नौकरी कर रहे हैं तु हारे पापा! सरकारी द. तर में पर्चेज़ के इंचार्ज हैं...खूब पैसे बनाये होंगे...

मानसी : मेरे पापा बेईमान नहीं है...

राहुल : चलो बेईमान ना सही...पर कुछ प्रोपर्टी तो बनायी है ना...क्या उस पर तु हारा हक़ नहीं है...अरे! हिंदू लॉ के अनुसार बाप की प्रोपर्टी पर बेटियों का भी उतना ही हक है जितना की बेटे का...तु हें दहेज में तो कुछ मिला नहीं...अब प्रोपर्टी पे हक़ के नाम पर ही कुछ ले लो।

मानसी : राहुल! मेरे पापा अभी जिंदा हैं।

राहुल : मैंने कब कहा वो...अच्छा छोड़ो...मैं तो बस इतना कह रहा हूँ कि पैसे मुझे चाहिये, तो चाहिये...तुम अपने पापा से बात करो ना। वो कहीं-ना-कहीं से अरेंज कर देंगे...।

मानसी : मैं पापा से बात नहीं करूँगी।

राहुल : देखो, इतनी जल्दी फैसला मत लो। मामला तु हारे पति...याने मेरी तरक्की का है।

दृश्य सं. 8

मानसी की ससुराल

[पात्रः-मानसी; छुटकी]

छुटकी : क्या हुआ बीवी जी! आप इतनी उदास क्यों बैठी हो?

मानसी : नहीं, ऐसी कोई बात नहीं...

छुटकी : कुछ तो है?

मानसी : नहीं कुछ भी नहीं।

छुटकी : आपको अपने घरवालों की याद आ रही है?

मानसी : तेरे को कैसे पता?

छुटकी : क्योंकि जब मुझे अपने घरवालों की याद आती है, तो मैं भी ऐसे ही बैठ जाती हूँ। बीवी जी! एक बात कहूँ...बड़ी बीवी जी अच्छी नहीं हैं।

मानसी : क्यों?

छुटकी : कल जब आप बाज़ार गयी थीं, तो उन्होंने मुझे मारा...

मानसी : तुझे मारा!!

छुटकी : ये देखो...मुझे तो अपनी पीठ दिखाई नहीं देती, लेकिन आपको तो दिखाई देती होगी...

मानसी : अरे! तेरी पीठ पर तो बहुत निशान हैं...ये अ मा जी...मैं बात करती हूँ उनसे...

छुटकी : नहीं...आप रहने दो...नहीं तो वो आपसे भी लड़ाई करेंगी...कोई बात नहीं...ये निशान तो दो-तीन दिन में अपने-आप ठीक हो जायेंगे।

मानसी : पर उन्होंने तुझे मारा क्यों?

छुटकी : सफाई करते वक़्त मुझसे वो फूलों वाला गुलदस्ता नीचे गिर गया था और टूट गया था...

मानसी : छुटकी! तू अपने घर वापस क्यों नहीं चली जाती?

छुटकी : माँ! मुझे लेने ही नहीं आती...पर एक बात कहूँ बीवी जी! अगर बड़ी बीवी जी आपको कुछ कहें, तो आप अपने घर जरूर वापस चली जाना। आप तो मुझसे बड़ी हो ना। आपको तो अपने घर का पता मालूम है ना...

मानसी : बेटा! तेरी बात और है मेरी बात और। मुझे अपने घर का पता मालूम है, लेकिन फिर भी मैं अपने घर नहीं जा सकती।

दृश्य सं. 9

मानसी की ससुराल

[पात्रः-मानसी; राहुल; छुटकी; आशा]

राहुल : तुम क्या सोचती हो तुम मुझसे बात नहीं करोगी, तो मैं भी तुमसे बात नहीं करूँगा...मानसी! तुमने अपने पापा से बात की...

मानसी : मैंने कह दिया ना मैं अपने पापा से बात नहीं करूँगी...

राहुल : यार! कैसी पत्नी हो तुम? अपने पति के फायदे की बात भी नहीं कर सकती। अरे तु हारे पति के फायदे में ही तु हारा फायदा है।

मानसी : राहुल! तुम बैंक से लोन क्यों नहीं ले लेते...?

राहुल : लोन लेना होता, तो तुमसे बात क्यों करता?
(इसी बीच छुटकी की चीख गूंजती है)

छुटकी : ई...ई...ई...ई...ई...

मानसी : छुटकी! छुटकी! क्या हुआ?...(चीख़ती है)...
(भागने की आवाज़)
छुटकी! छुटकी!!...अरे! ये तो सीढ़ियों के नीचे गिरी पड़ी है। हाये! इसके तो सिर से खून बह रहा है...छुटकी! छुटकी! अ माँ जी!...अ माँ जी!...ये क्या किया आपने?

आशा : मैंने...मैंने क्या करना है...अरे सीढ़ियों की रेलिंग साफ कर रही थी पता नहीं अचानक इसे क्या हुआ...इसका पाँव फिसल गया...और ये गिर गयी।

छुटकी : बीवी जी! मुझे बड़ी बीवी जी ने धक्का दिया...आह...आह (कराहती है) अरे! ये तो बेहोश हो गई। इसके सिर से कितना खून बह रहा है...राहुल! राहुल! इसे हॉस्पिटल ले चलो...

आशा : कोई हॉस्पिटल नहीं जायेगी ये...अरे! मामूली चोट है...पट्टी कर दो ठीक हो जायेगी।

मानसी : आप कैसी बात कर रही हैं अ माँ जी! हॉस्पिटल तो इसे ले ही जाना पड़ेगा...छुटकी!...होश में आ...राहुल! तुम फर्स्ट-एड बॉक्स तो ले आओ... मैं इसके पट्टी तो बाँध दूँ...

राहुल : ये लो (बॉक्स खोलने की आवाज़)

मानसी : लो, पट्टी तो मैंने बाँध दी...अब इसे हॉस्पिटल ले चलते हैं। हाय! इसका खून तो रूक ही नहीं रहा है...राहुल! जल्दी करो...ज़रा उठाओ तो इसे...

आशा : बहू! खबरदार! जो इसे हॉस्पिटल ले गई तो...

मानासी : मैं इसे हॉस्पिटल ले कर जाऊँगी...राहुल! उठाओ इसे। अच्छा, नहीं उठा रहे। तुम भी अपनी माँ के साथ मिल गये। कोई बात नहीं मैं इसे अकेले ही हॉस्पिटल ले जाऊँगी...

ये आकाश मेरा भी है
(भाग–5)

दृश्य सं. 1
हॉस्पिटल

[पात्रः–मानसी; डॉक्टर]

मानसी : अब छुटकी की तबीयत कैसी है?

डॉक्टर : पहले से बेहतर है, लेकिन अभी उसे कम–से–कम दो दिन हॉस्पिटल में और रखना पड़ेगा। सिर में चोट थोड़ी गहरी है...और बाँये हाथ की कलाई की हड्डी भी टूट गयी है...प्लास्टर कर दिया है...लेकिन सिर की चोट के कारण दो दिन आबज़र्वेशन में रखना पड़ेगा

मानसी : डॉक्टर साहब! वो होश में तो है

डॉक्टर : नहीं, बीच में होश आता है, लेकिन फिर अनकॉनशियस हो जाती है...

मानसी : डॉक्टर साहब! मैं उससे कब मिल पाऊँगी?

डॉक्टर : अब ये तो उसके होश में आने पर निर्भर है...पुलिस वाले भी उसके होश में आने का इंतज़ार कर रहे हैं

मानसी : (चौंक कर) आपने पुलिस को भी इनफॉर्म कर दिया!!

डॉक्टर : वो तो हमें करना पड़ता है ना मैडम! बच्ची को गहरी चोटें आई हैं। पता नहीं क्या हुआ है उसके साथ?

मानसी : डॉक्टर! मैंने बताया तो था वो सीढ़ियों से गिर गयी थी।

डॉक्टर : ये तो आप कह रही हैं...हमें क्या पता...पुलिस अपनी तफ़तीश करेगी और फैसला लेगी...ठीक है मैडम! मुझे ज़रा वार्ड में जाना है।

मानसी : थैंक्यू डॉक्टर!

डॉक्टर : ओके।

मानसी : हे भगवान! अगर छुटकी ने अ मा जी का नाम ले दिया, तो कहीं...नहीं...नहीं...मुझे छुटकीं को समझाना पड़ेगा...मुझे पुलिस वालों से पहले छुटकी से मिलना पड़ेगा...

दृश्य सं. 2

मानसी की ससुराल

[पात्रः-आशा; राहुल; मानसी]

राहुल : अ मा! तुम भी क्या करती हो...उस बच्ची को तुमने धक्का दे दिया...

आशा : अरे! मुझे क्या पता था वो सीढ़ियों पर इस तरह लुढ़क जायेगी...

राहुल : अ मा तुम भी...अपने गुस्से पर ज़रा कन्ट्रोल नहीं रहता है तु हें। अब यदि पुलिस केस बन गया तो!

(मानसी का आगमन)

मानसी : पुलिस केस नहीं बना...बेफ़िक्र रहिये।

राहुल : अरे मानसी तुम। आ गयी तुम...(हर्ष से)...क्या...क्या पुलिस को इनफॉर्म नहीं किया हॉस्पिटल वालों ने?

मानसी : हॉस्पिटल वालों ने तो इनफॉर्म किया था...

राहुल : तो फिर...

मानसी : लेकिन छुटकी ने अ मा जी के खिलाफ़ बयान नहीं दिया। उसने कहा कि वो अपनी ही लापरवारी के कारण सीढ़ियों से गिर गयी थी

राहुल : अरे! ये कैसे कह दिया छुटकी ने

मानसी : मैंने कहलवाया उससे। हाथ जोड़े उसके आगे। उसे होश आया तो किसी तरह पुलिस वालों से पहले मुझे मौका मिल गया था उससे मिलने का।

राहुल : ओ, थैंक्यू! थैंक्यू! मानसी! मैं क्या कहूँ। तु हारा जवाब नहीं

आशा : वो अब घर कब आयेगी?

मानसी : वो अब घर कभी नहीं आयेगी...मैंने उसकी ज़ि मेदारी अब एक एन.जी.ओ. को दे दी है। वो ही अब उसकी देखभाल करेगा। सबसे बड़ी बात...वो अब उसे एक स्कूल में भी भर्ती करायेगा। छुटकी अब पढ़ेगी-लिखेगी...काबिल बनेगी।

आशा : हैं!!

मानसी : हाँ...

आशा : अरे! पर गाँव से तो उसे मैं लाई थी...

मानसी : आप गाँव से उसे लाईं थीं...घर में काम कराने के लिये, ना कि पढ़ाने के लिये...और एक बात मैंने एन.जी.ओ. को प्रोमिस किया है कि एज़ ए डोनेशन हम कुछ पैसे भी उसे देंगे

आशा : पैसे!! पैसे हम क्यों देंगे

मानसी : ठीक है, मत दो। मैं छुटकी को बोल देती हूँ वो पुलिस को सब सच-सच बता दे

राहुल : नहीं-नहीं (घबरा कर) हम पैसे देंगे ना...देंगे...पैसे देंगे।

[लैशबैक समाप्त]

दृश्य सं. 3

मनीषा का घर

[पात्र:-मनीषा; नताशा]

मनीषा : नताशा! मानसी ने सोचा था इस घटना के बाद माँ-बेटा बदल जायेंगे, लेकिन दोनों कुछ दिन तो ठीक रहे, लेकिन फिर...वो वैसे-के-वैसे हो गये। उन्होंने मानसी को फिर से तंग करना शुरू कर दिया। मानसी को अपने ऊपर बहुत गुस्सा आया कि उसने उन्हें क्यों बचाया। मानसी का पति और उसकी माँ मानसी को तरह-तरह से टॉर्चर करते कि किसी भी तरह वो अपने पापा से पैसे माँगने को तैयार हो जाये, लेकिन मानसी थी कि टूटने को तैयार नहीं थी। पर एक दिन ऐसा आया कि हद हो गई, राहुल ने मानसी पर हाथ छोड़ दिया।

नताशा : ओ! मानसी क्यों सहती रही ये सब?

मनीषा : नताशा! मानसी की ग़लती थी ये या वो शायद इसलिये चुप रही...क्योंकि वो सोचती थी अगर ये बात पापा को पता चलेगी, तो उनके दिल पर क्या गुजरेगी। कितने उत्साह और कितने अरमानों से उन्होंने मानसी की शादी की थी। पर हर बात की एक सीमा होती है...आखिर एक दिन मानसी ने मन बना ही लिया कि बस वो अब और नहीं सहेगी। हालांकि माँ-बेटा...दोनों मानसी पर हर वक्त निगरानी रखते थे, लेकिन मानसी को मौक़ा मिल ही गया। मानसी पुलिस स्टेशन जा पहुँची। पुलिस ने मानसी की आप बीती सुनी, तो तुरन्त एक्शन में आई और

मानसी के पति और उसकी माँ को तुरंत गिर तार कर लिया। पापा को पता चला, तो सकते में आ गये थे। उन्होंने सपने में भी नहीं सोचा था कि उनकी बेटी के साथ ऐसा होगा...मानसी बहुत थकी-हारी टूटी-सी घर पहुँची थी...

दृश्य सं. 4

[लैशबैक प्रारंभ]

मनीषा के पिता का घर

[पात्रः-मानसी; श्रीधर; मयंक]

श्रीधर : क्या बिटिया! (रोआँसे से) क्या बिटिया! तू इतना सब कुछ सहती रही और तूने हमें पता तक ना लगने दिया...कैसी शक्ल...कैसी हालत हो गयी है तेरी। बिटिया! तू मुझको एक बार ख़बर तो करती...मैं किसी भी तरह दस लाख का प्रबंध कर देता...

मानसी : नहीं पापा! आप क्यों कर देते। इससे तो उनकी भूख और बढ़ जाती...

मयंक : दीदी! तूने एकदम सही काम किया उन दरिंदों को सलाखों के पीछे पहुँचा के।

श्रीधर : बिटिया! मैं भी उनके किये की उन्हें जब तक पूरी सजा न दिलवा दूँगा...चैन से ना बैठूँगा।

मानसी : पापा!...

श्रीधर : बोल बेटा!

मानसी : पापा! आप मुझे अपने घर में रहने देंगे ना?

श्रीधर : बेटा! ये तो तेरा ही घर है...तेरे माँ-बाप का घर है।

मानसी : पापा! (रोती है)

श्रीधर : ना बिटिया ना...रोते नहीं। तू बहादुर लड़की है। जो हो गया सो हो गया...अब एक नई जिंदगी की शुरुआत कर। ईश्वर सब मदद करेंगे।

[लैशबैक समाप्त]

दृश्य सं. 5

मनीषा का घर

[पात्रः-मनीषा; नताशा]

मनीषा : नताशा! कुछ दिन गुजर गये, तो पापा ने मानसी से दो-बारा शादी करने को कहा, लेकिन मानसी इसके लिये राजी न हुई। मानसी ने तो अपना मन कुछ और ही बना लिया था। अब वो किसी बंधन में बंधकर जीना ही नहीं चाहती थी। मानसी सिविल सर्विसज़ के एक्ज़ाम में बैठी और पास हो गई।

नताशा : आजकल मानसी हरियाणा में पोस्टिड है...अरे वाह! मानसी (याद करते हुये) मानसी सोनी नाम की एक आई.पी.एस. ऑफिसर है तो सही हरियाणा में...मैंने कभी ध्यान नहीं दिया...तो ये अपनी मानसी है! भई वाह! मेरे तो खूब काम आयेगी मानसी। मेरा एन.जी.ओ. तो हरियाणा के देहात में ही है। मनीषा! अपनी बहन का फोन नंबर मुझे देना... मैं संपर्क करूँगी उससे...मनीषा!

मनीषा : हाँ नताशा!

नताशा : पहले मैंने तेरी कहानी सुनी...फिर तेरी बहन मानसी की कहानी सुनी और मेरी अपनी कहानी भी तुम दोनों से कोई ज़्यादा अलग नहीं है...लेकिन इन कहानियों से एक बात तो साफ होती है शारीरिक बल में लड़के हम लड़कियों से आगे हो सकते हैं, लेकिन हम लड़कियाँ बुद्धिबल में किसी से पीछे नहीं...इतिहास गवाह है और वर्तमान भी...जो समाज हमें हेय समझे वो समाज हेय है...हम नहीं।

दृश्य सं. 6

मनीषा का घर

[पात्रः-मनीषा; नताशा; कमलकांत; बंटी]

कमलकांत : बहू! (पुकारते हैं)

मनीषा : हाँ पापा!

कमलकांत : बेटा! बंटी को स्कूल बस में चढ़ाकर आ गया हूँ।...पर बेटा! आज ये अख़बार वाला नहीं आया क्या? बाहर वरामदे में अखबार ही नहीं है।

मनीषा : पापा! अख़बार तो आया है...लेकिन वो मैंने नताशा को दे दिया...उसे भी सुबह-सुबह अख़बार पढ़ने की आदत है...।

कमलकांत : ओ, तब कोई बात नहीं...मैं समझा...

नताशा : अंकल! ये लीजिये अखबार...

कमलकांत : अरे! नहीं बेटा तुम पढ़ लो। मैं बाद में पढ़ लूँगा...

नताशा : मैंने पढ़ लिया अंकल!

कमलकांत : अरे बेटा! लगता है तुम तो सुबह-सुबह ही जाने के लिये तैयार हो गई हो...आराम से जाना...ऐसी भी क्या जल्दी है?

नताशा : अंकल! आज सोमवार है...आज तो क्लीनिक खोलूँगी ही ना...इसलिये मुझे जल्दी निकलना ही पड़ेगा। मैं तो रात को ही चली जाती, लेकिन मनीषा ने रोक लिया...(मेज पर चाय का मग रखने की आवाज़) नाश्ता।

नताशा : थैंक्यू!...

मनीषा : तू अगर अभी और रुकने का मन बनाये, तो ऑफिस फोन करके छुट्टी लेती हूँ ना मैं।

नताशा : अरे नहीं-नहीं...क्लीनिक खोलना है...(चाय सुड़कने की आवाज़)

मनीषा : ठीक है। जैसी तेरी मर्ज़ी। लेकिन अगर तू थोड़ी देर रुके तो मैं भी तेरे साथ चलती हूँ ना। मुझे बस नहाना है।

नताशा : ठीक है

(नल से पानी गिरने की आवाज़। नहाने की आवाज़)

(कुछ पल का अंतराल)

मनीषा : अरे! ये पापा कहाँ चले गये?

नताशा : बाहर बरामदे में जाकर बैठ गये हैं। वहीं अखबार पढ़ रहे हैं

मनीषा : ओ..

नताशा : मनीषा! तू आज सुबह-सुबह ऑफिस जा रही है?

मनीषा : नहीं, पहले मुझे हॉस्पिटल जाना है...फिर ऑफिस जाऊँगी...

नताशा : हॉस्पिटल!!

मनीषा : (हँसती है) तू जो समझ रही है वो नहीं। रुटीन चैकअप के लिये हास्पिटल जाऊँगी। अरे अब तो राजकुमारी हो या राजकुमार उसे इस दुनियाँ में लाना ही है।

(दोनों हँसती हैं। नताशा मनीषा को अलविदा करते हुये अपने घर को निकलती है)

दृश्य सं. 7

नताशा का घर

[पात्रः-नताशा; अि ालेश]

(दरवाज़े की घंटी की आवाज़)

(दरवाज़ा खुलने की आवाज़)

अखिलेश : वैलकम टू होम डॉ. नताशा!

नताशा : थैंक्यू डॉ. अखिलेश!

अखिलेश : क्या यार! तुम चली जाती हो। अपना तो मन ही नहीं लगता

नताशा : इसलिये, इतनी दाढ़ी बढ़ा रखी है...

अखिलेश : क्या करूँ...याद में तेरी दीवानगी इतनी सारी हुई। हम से ही बेखबर देखिये ज़िंदगी हमारी हुई (शायराना अंदाज़ में)

नताशा : वाह! वाह! क्या बात है। आप तो शायर हो गये हैं। इसका मतलब ये है कि अगर मैं हर सप्ताह कुछ दिन आपसे दूर रहूँ, तो आपका तो दीवान तैयार हो जायेगा। याने आपकी पर्सनैलिटी पे एक चाँद पहले से है एक चाँद और लग जायेगा। ठीक है...अगर आपको शायर बनाने के लिये ये मुझे करना पड़े, तो मैं करूँगी...

अखिलेश : ओ नहीं यार! ऐसा जुल्म नहीं करना...

नताशा : क्यों न करूँ। अपने हसबैंड को हर औरत सबसे अलग देखना चाहती है (हँसती है)

अखिलेश : ओ, मुझे नहीं दिखना अलग-वलग। मैं ऐसे ही ठीक हूँ।...अच्छा, अब ये छोड़ो...यार! दो दिन से मैंने अच्छा खाना नहीं खाया है। ज़रा आज बढ़िया-सा लंच तो बना दो

नताशा : हूँ...अब आये ना असल बात पर...ठीक है आज क्लीनिक थोड़ी लेट चली जाऊँगी...लेकिन आपकी खिदमत में लंच ज़रूर पेश करूँगी...पर डॉक्टर साहब! आज सुबह की ड्यूटी नहीं है आपकी?

अखिलेश : नहीं मेरी शाम की है...

नताशा : ओ तब ही...बड़े इत्मिनान से हैं आप

(इसी बीच फोन की घंटी बजती है)

हैलो!...अरे महेश जी आप! क्या बात है बड़े घबराये हुये लग रहे हैं आप...हैं!! ये क्या कह रहे हैं आप। अभी थोड़ी देर पहले किया ये किसी ने...क्या...चौधरी नफे सिंह के आदमी थे वो सब...ठीक है...ठीक है...आप फ़िक्र ना करें मैं अभी आती हूँ...(फोन रखने की आवाज़) ओ फ! क्या मुसीबत...ये कैसे लोग हैं...एक अच्छा काम भी नहीं करने देते।

अखिलेश : क्या हुआ?

नताशा : सॉरी! मेरे प्यारे हसबैंड जी! तु हारा लंच आज मैं नहीं बना पाऊँगी। ड्यू रहा। वहाँ हमारे एन.जी.ओ. के ऑफिस की किसी

ने दीवार तोड़ दी है...मुझे जाना पड़ेगा...आज तो मेरे क्लीनिक की भी छुट्टी। प्लीज़ तु हारा तो शाम का क्लीनिक है...सुबह मेरे क्लीनिक की ड्यूटी संभाल लेना।

अखिलेश : ओके (हताशा में)

नताशा : थैंक्यू! माई डीयर हसबैंड!

दृश्य सं. 8

नताशा का एन.जी.ओ.

[पात्रः-नताशा; महेश]

नताशा : आपने उन्हें रोका नहीं महेश जी!

महेश : मैंने तो उन्हें रोकने की बहुत कोशिश की...लेकिन वो गिनती में बहुत ज़्यादा थे...मैं बहुत चिल्लाया लेकिन गाँव से कोई मेरी मदद् को नहीं आया...शायद चौधरी के आदमियों ने सब को डराकर रखा होगा!

नताशा : हूँ, कोई बात नहीं। हम इस बात की क पलेंट पुलिस में करेंगे। महेश जी! आप ऐसा कीजिये...कोई मिस्त्री ढूंढ कर लाइये और पहले तो ये दीवार फिर से खड़ी करवाइये...मैं गाँव के सरपंच जी से भी इस बारे में बात करती हूँ...ऐसे कैसे चलेगा... ?

महेश : जी! मैं मिस्त्री ढूँढता हूँ...पर...डॉक्टर साहिबा! मैंने उड़ती जुबान में लोगों से सुना है चौधरी हमारी संस्था 'ज्ञान-शक्ति-पुंज' को पूरी तरह से बंद करवाने के चक्कर में हैं।

नताशा : अच्छा! बो बंद करवायेगा हमारी संस्था को। देखती हूँ वो हमारी संस्था को बंद करवाता है या मैं उसको बंद करवाती हूँ। मैंने और लोगों से भी उसकी मंशा के बारे में सुना था, लेकिन तब मुझे विश्वास नहीं हुआ था...लेकिन अब...कोई बात नहीं...मैं भी देखती हूँ उसको

दृश्य सं. 9

सरपंच का घर

[पात्रः-सरपंच; नताशा]

सरपंच : आइये-आइये डॉक्टर साहिबा! मुझे पता है आप क्यों आई हैं?

नताशा : तो ख़बर आप तक पहुँच गयी सरपंच जी!

सरपंच : हाँ! बसेसर आपकी संस्था के सामने ही तो रहता है। वही अभी-अभी बता कर गया है सब।

नताशा : तो अब आप ही बताइये सरपंच जी! इस बदतमीजी का हम क्या करें? मैं गाँव में एक अच्छा काम करने की कोशिश कर रही हूँ और लोग...। सरपंच जी! रोज़ तो नहीं, लेकिन हर दूसरे दिन पूरे अस्सी किलोमीटर गाड़ी दौड़ाकर मैं आती हूँ यहाँ...जब मैंने इस गाँव में आना शुरू किया, तो क्या हालत थी यहाँ...लड़कों का एक स्कूल तो गाँव में था, लड़कियों को शिक्षित करने की कोई व्यवस्था ही नहीं थी और होती भी कैसे पहले तो घरों में लड़कियाँ ही नहीं थीं...और अगर किसी घर में थीं, तो घर वालों को उन्हें पढ़ाने में कोई रुचि नहीं थी...उनकी ज़िंदगी तो उन्होंने चौके-चूल्हे-झाड़ू-पौंछे तक सीमित कर रखी थी... ये तो मैं और मेरे वॉल्टीयर साथियों ने घर-घर जाकर लोगों को समझाया...बारबार समझाया...तब कहीं लोगों ने घर से बेटियों को निकाला...आज ज्ञान शक्ति पुंज में आप ही के गाँव की ही नहीं, बल्कि आसपास के गाँवों की बहात्तर लड़कियाँ शिक्षा हासिल कर रही हैं... आपने मुझे हमेशा सहयोग दिया है। इसलिये आज आपके पास फिर आई हूँ।

सरपंच : डॉक्टर साहिबा! मेरा सहयोग तो आपके साथ हमेशा है। मैं तो इन गाँव वालों को समझा-समझा कर थक गया था कि भई! अपनी बहन-बेटियों को भी पढ़ाओ, लेकिन मेरी कोई सुनता ही नहीं था, लेकिन आप आईं तो ये काम कितना सरल हो गया। मेरी बेटी भी तो आपके स्कूल में ही पढ़ती है। गाँव के लोग बहुत खुश हैं...खास तौर से औरतें...आपने स्कूल के साथ जो क्लीनिक चलाया है गाँव की औरतों को उससे बहुत लाभ मिल रहा है। पर...कुछ लोग हैं जो आपके इस काम से नाखुश भी हैं...और होंगे भी क्यों न। आपने उनके गलत काम जो बंद करवा दिये हैं।

नताशा : मैंने...

सरपंच : हाँ आपने!...गाँव की सड़क से जब हम मेन सड़क पर जाते हैं, तो वहाँ शराब का एक ठेका था...

नताशा : हाँ था...उसे तो गाँव की औरतों ने प्रदर्शन करके बंद करवा दिया। अरे! जाने कहाँ-कहाँ से लोग उस ठेके पर आ जाते थे

और दूसरे गाँवों से जो लड़कियाँ हमारे स्कूल में पढ़ने आती हैं...उनसे बदत्तमीजी करते थे...उन पर फब्तियाँ कसते थे...और यही क्यों...गाँव की औरतें तो उस ठेके से खुद परेशान थीं...उनके मर्द जो भी दिन भर कमाते थे...वो सब शराब में उड़ा देते थे और घर में गाली-गलौच, मार-पीट जो करते थे सो अलग...मैंने ही औरतों से कहा...इस ठेके के खिलाफ़ मोर्चा निकालो...

सरपंच : और ठेका बंद हो गया...आप जानती हैं ये ठेका किसका था?

नताशा : हाँ, चौधरी नफे सिंह का। लेकिन गाँव से बहुत दूर हाई-वे पर उसे दोबारा ठेका खोलने की परमिशन...मिल तो गयी थी और मैंने सुना वहाँ उसने ठेका खोल भी लिया है।

सरपंच : ठेका तो खुल गया है, लेकिन वहाँ उसकी कमाई उतनी नहीं है जितनी यहाँ थी...आसपास कोई आबादी ही नहीं है...अब आपने एक तरह से उसका काम बंद करवा दिया, तो फिर वो कुछ-ना-कुछ बदत्तमीजी तो करेगा ना...मेरे पास भी आया था वो...कहता था जिस ज़मीन पर आपकी संस्था 'ज्ञान-शाक्ति पुंज' है वो उसके खानदान की है। उसके परदादा ने पंचायत को दान में दी थी और पंचायत को कोई हक़ नहीं बनता है कि वो किसी दूसरे को ये ज़मीन दान में दे। वो अपनी ज़मीन वापस माँग रहा था...पर मैंने पंचायत के रिकार्ड चैक किये आपकी 'ज्ञान-शक्ति पुंज' जिस ज़मीन पर है वो पंचायत की ही ज़मीन है...पंचायत से उसे कोई सहयोग न मिला, तो उसने ये हरकत की...पर आप बेफ़िक्र रहिये जो कार्य आप कर रही हैं करती जाइये...मैं उस पर ऐक्शन लेने के लिये पंचायत बुलाऊँगा...

नताशा : आपके इस सहयोग के लिये मैं आपकी आभारी रहूँगी...

सरपंच : इसमें आभार कैसा। अरे! हमारी ही संस्था है वो। इस गाँव की ही संस्था है...हाँ, पर एक काम ज़रूर कर दीजियेगा...थाने में रिपार्ट लिखवा दीजियेगा...

नताशा : जी!...यहाँ के बाद मैं पुलिस स्टेशन ही जाऊँगी

सरपंच : ठीक है।

नताशा : अच्छा सरपंच जी! नमस्ते!

सरपंच : नमस्ते! नमस्ते!

ये आकाश मेरा भी है
(भाग-6)

दृश्य सं. 1

नताशा का क्लीनिक 'ज्ञान-शक्ति पुंज' में
[पात्रः-नताशा; महेश]

नताशा : हूँ...ज़रा मूँह खोलो...हाँ...ऑ करो...

लड़की : ऑ...

नताशा : अब ज़रा घूम जाओ...हाँ...अब ज़ोर-ज़ोर से साँस लो (ज़ोर-ज़ोर से साँस लेने की आवाज़)...हाँ...बिटिया! क्या नाम है तु हारा?...

लड़की : जी स्मिता

नताशा : अरे वाह! नाम तो बड़ा सुन्दर है तु हारा, पर बड़ी कमज़ोर हो तुम। तुम कौन हो इसकी? मैं तुमसे पूछ रही हूँ...

महिला : डॉक्टर साहिबा! मैं माँ हूँ इसकी

नताशा : क्या...खाने-पीने को नहीं देती हो इसको?

महिला : डॉक्टर साहिबा! देती तो हूँ।

नताशा : तु हारी बच्ची कुपोषण का शिकार है। बहुत ही कम वज़न है इसका और इसीलिये ये बारबार बीमार पड़ जाती है। सुबह से शाम तक क्या डाइट है इसकी...मेरा मतलब क्या खिलाती हो इसको?

महिला : जो सब खाते हैं वही ये खाती है...फिर देखो जी ज़्यादा परवाह क्या करनी...ये तो लड़की है...

नताशा : लड़की है, तो इसकी परवाह नहीं करनी!! दूध देती हो इसे?

महिला : दूध लड़कों को मिल जाये, तो ही बहुत है। इसे दूध पिलाकर क्या करना है...ये तो अपने आप बड़ी हो जायेगी।

नताशा : ओ फ! तुम लोग भी...कौन समझाये तु हें...तरस आता है तु हारी

सोच पर...लड़की है, तो क्या इंसान नहीं है ये। अरे! इसे भी उतने ही खाने की ज़रूरत है जितनी कि एक लड़के को...बल्कि इसे तो और भी मजबूत होने की ज़रूरत है क्योंकि कल को इसे माँ भी बनना है। ये पढ़ने जाती है?

महिला : नहीं...

नताशा : तो फिर सारा दिन क्या करती है?

महिला : जी घर में ही रहती है...कभी-कभी मैं इसे कोई काम बता देती हूँ तो कर लेती है...वरना पता नहीं क्या है सारे दिन थकी ही रहती है...

नताशा : थकी तो ये रहेगी...देखो, मैंने इस पर्चे पर कुछ गोलियाँ लिखी है ये इसे बिना नागा देना और इसके खाने-पीने का ध्यान रखो...गोलियाँ डिस्पैंसरी से ले लो...एक टॉनिक भी लिखा है वो भी डिस्पैंसरी से मिल जायेगा...

महिला : नमस्ते बहन जी!

नताशा : नमस्ते!

महिला : डॉक्टर साहिबा जी! (संकोच में)

नताशा : हाँ-हाँ बोलो...

महिला : मैंने इसके बापू से बहुत कहा, लेकिन वो मेरी सुनता ही नहीं है...मैं इसे पढ़ाना चाहती हूँ...

नताशा : अरे वाह! तो इसमें संकोच कैसा हमारे स्कूल में भर्ती कराओ ना इसे। हमारे यहाँ तो सब बच्चों को दोपहर का खाना भी मिलता है...पर थोड़ा दिन रुक जाओ...अभी ये बहुत कमजोर है...पहले इसका इलाज़ कराओ इसके खाने-पीने का ध्यान रखो...फिर इसे स्कूल ले आना...

महिला : ठीक है डॉक्टरनी जी! (खुश होकर)

(इसी बीच महेश का आगमन)

महेश : मैडम!

नताशा : हाँ, बोलो महेश जी!

महेश : आप पुलिस स्टेशन चलने की कह रही थीं।

नताशा : हाँ...हाँ...चलती हूँ ना...कितने मरीज़ हैं बाहर?

महेश : मैडम! दो हैं

नताशा : ठीक है। मैं इन्हें भी देख कर आती हूँ।

महेश : ठीक है मैडम!

दृश्य सं. 2

पुलिस स्टेशन

[पात्रः-नताशा; महेश; पुलिस इन्सपैक्टर]

पुलिस इ. : देखिये डॉक्टर साहिबा! कोई भी केस एकदम हल नहीं हो जाता...हमने आपकी एफ.आई.आर. लिख ली है...अब तफ़्तीश करने में थोड़ा वक्त तो लगेगा।

नताशा : कितना वक्त लगेगा? दो ह ते तो हो गये एफ.आई.आर. लिखवाये हुये...

पुलिस इ. : मैडम! ये थाना है। सिर्फ़ आप ही का केस थोड़े ही है हमारे पास। यहाँ तो रोज़ कोई-न-कोई केस आ जाता है...और सब केस इ पार्टेंट हैं हमारे लिये...आपसे पहले के भी केस हैं और आपसे बाद के भी...

महेश : देखिये, इन्सपैक्टर साहब! हमारे यहाँ तो दो-दो केस हो गये हैं। पहले जिन लोगों ने हमारी संस्था की दीवार तोड़ी...उन्होंने ही फिर हमारी संस्था में चोरी की...चार-चार क प्यूटर्स चोरी हुये हैं हमारे यहाँ से...लेकिन अभी तक कोई भी पकड़ा नहीं गया है।

पुलिस इ. : देखो भाई! हमारे पास कोई जादू-मंतर तो है नहीं जो हाथ घुमाया और मुज़रिम आ गया हमारे हाथ में। हम कोशिश कर रहे हैं जैसे ही कोई हाथ लगेगा हम तुरंत ख़बर करेंगे आपको

महेश : पर हम तो आपको बता रहे हैं ये दोनों काम चौधरी नफे सिंह के आदमियों के ही हैं।

पुलिस इ. : आप ये बात दावे से कैसे कह सकते हो? आप पहचानते हो उनको? और अगर पहचानते भी हो, तो क्या ये ज़रूरी है वो चौधरी नफे सिंह के ही आदमी हो...देखो, चौधरी नफ़े सिंह इलाके के बहुत बड़े आदमी हैं...उनपे इल्जाम लगा के ये ना हो...केस आप पर ही उल्टा पड़ जाये।

नताशा : आप हमें डरा रहे हो।

पुलिस इ. : मैं आपको डरा नहीं रहा। मैं तो आपको समझा रहा हूँ। किसी के बारे में बोलो, तो सोच-समझ कर बोलो। देखिये मैडम! आप तो डॉक्टर हैं। पढ़ी-लिखी हैं समझदार हैं। आपको इस तरह नहीं बोलना चाहिये। आप धीरज रखिये...हम तफ़्तीश कर रहे

हैं ना...

नताशा : ठीक है। हम फिर आयेंगे। चलो महेश जी!...
(कुर्सी से उठने की आवाज़)

दृश्य सं. 3

सड़क पर

[पात्रः-महेश; नताशा]

महेश : मैडम! मुझे तो लगता है ये पुलिस वाले भी चौधरी नफ़े सिंह से मिले हुये हैं। देखा नहीं वो दूसरा पुलिस वाला कैसा मुस्करा रहा था।

नताशा : पहले तो मुझे नहीं लग रहा था लेकिन अब लग रहा है। महेश जी! हमें डराने के लिये चौधरी नफे सिंह हर पैंतरा अपनायेगा। ताकि हम अपनी संस्था बंद कर दें। लेकिन हम भी डरने वाले नहीं । अगर यहाँ हमारी सुनवाई नहीं हुई, तो हम ऊपर तक जायेंगे। पर महेश जी! सरपंच जी कह रहे थे नफ़े सिंह उसका ठेका बंद करवाने का हमसे बदला ले रहा है...लेकिन जाने क्यों मुझे लग रहा है बात इतनी सी ही नहीं है...अरे! उसका ठेका तो हाई-वे पर खुल गया है ना...थोड़ी आमदनी कम सही, लेकिन हो तो रही है ना...

महेश : अब मैडम जी! मैं क्या बोलूँ?

नताशा : कोई बात नहीं...बात और क्या है ये भी पता चल ही जायेगा...।

दृश्य सं. 4

नताशा का घर

[पात्रः-नताशा; अखिलेश; चौधरी नफ़े सिंह]

(फोन की घंटी की आवाज़)

(फोन उठाने की आवाज़)

नताशा : हैलो!

चौधरी नफ़े सिंह : अरे वाह! इतनी रात को भी आपने फोन उठा लिया। हम तो सोच रहे थे आपके हसबैंड फोन उठायेंगे डॉक्टर साहिबा!

नताशा : कौन! बोल रहा है?

चौधरी नफ़े सिंह : लो तकरार भी हमसे करते हैं और हमें पहचानते भी नहीं...

नताशा : मैं बोल रही हूँ कौन-कौन बोल रहे हो तुम?

चौधरी नफ़े सिंह : बंदे को चौधरी नफे सिंह कहते हैं।

नताशा : तु हारी इतनी हि मत। तुमने मेरे घर पर फोन कर दिया।

चौधरी नफ़े सिंह : डॉक्टरनी जी! अभी तो आपने देखा ही क्या है। हम क्या-क्या कर सकते हैं। आपकी भलाई इसी में है कि गाँव में जो आपने औरतों के जीवन-स्तर (इतराकर) को ऊपर उठाने का कार्य चलाया हुआ है वो एकदम बंद कर दें और अपना सारा टंडीरा बाँधकर अपने घर आ जायें...नहीं तो ऐसा न हो...अभी तो हमने आपका छोटा-मोटा नुकसान ही किया है...कहीं आप ही ऊपर उठ जायें

नताशा : तू...तू तुझे धमकी दे रहा है...तेरी धमकियों से नहीं डरने वाली मैं... जो मर्ज़ी करना है कर ले...मैं अपनी संस्था बंद नहीं करूँगी

चौधरी नफ़े सिंह : देख लीजिये...डाक्टरनी जी! हम तो आपको समझा रहे हैं। फिर न कहना हमने आपको समझाया नहीं। पुलिस के पास भी आपने जाकर देख लिया। कुछ हुआ क्या? आगे भी कुछ नहीं होगा...गुड नाईट डॉक्टरनी जी...

नताशा : यू रास्कल! हाऊ डेअर यू...मैं तुझे तेरी जगह बता कर ही मानूँगी।

अखिलेश : नताशा! नताशा! क्या हुआ? इतनी रात को किसका फोन था? किसको गाली दे रही हो?

नताशा : उस चौधरी नफ़े सिंह को...इतनी रात को मुझे...मुझे फोन करके डरा रहा था।

अखिलेश : कौन नफ़े सिंह?

नताशा : छोड़ो, सो जाओ।

अखिलेश : अरे! बताओ भी...

नताशा : क्या बताऊँ...मेरे गाँव वाले एन.जी.ओ. से जुड़ा मामला है...सो जाओ-सो जाओ।

अखिलेश : ठीक है...तुम नहीं बताना चाहती तो...

दृश्य सं. 5

ज्ञान शक्ति पुंज

[पात्रः-नताशा; सरपंच; कुछ लड़कियाँ; वालंटीयर टीचर (रंजना)]

(जन्मदिन के अवसर का शोर)

नताशा : अरे वाह! क्लास रूम तो बहुत बढ़िया सजाया है बच्चों!

कई बच्चे : डॉक्टर दीदी! नमस्ते

नताशा : नमस्ते! नमस्ते!...अरे भई! पहले ये तो बताओ किसका जन्म दिन मनाया जा रहा है आज?

कई बच्चे : डॉक्टर दीदी! मालती का...

डॉक्टर नताशा : अरे वाह! हमारी बर्थ-डे गर्ल कहाँ है...मैं भी तो देखूँ...

मालती : मैं यहाँ हूँ...

डॉक्टर नताशा : ओ हो (लाड़ में) आज तो बड़ी प्यारी लग रही है हमारी बेटी! ये फ्रॉक तो बड़ा सुंदर है तु हारा...कौन लाया?

मालती : रंजना दीदी लाई...

डॉक्टर नताशा : आओ...आओ...मेरे पास आओ...आओ...गोदी में आ जाओ (चूमने की आवाजें) भई! और कौन-कौन...क्या-क्या लाया है रंजना के लिये (बच्चों की मिली-जुली आवाज़ें) दीदी! मैं ये लाया...दीदी! दीदी! ये भी लीजिये...रंजना दीदी! मेरा लट्टू तो आपने छोड़ ही दिया...दीदी मेरी टाफियाँ

डॉक्टर नताशा : क्या बात है भई! ये तो ढेर सारी चीज़ें आ गईं। हमारी मालती तो बहुत अमीर हो गई। चलो भई! चलो भई! अब केक काटें...रंजना!
(पुकारती है)

रंजना : जी मैम!

डॉक्टर नताशा : भई! केक लाओ...

रंजना : ये लीजिये मैम!

डॉक्टर नताशा : मोमबत्तियाँ

रंजना : मोमबत्तियाँ भी ये रही मैम!

डॉ. नताशा : चलो बिटिया रानी! अब गोदी से उतरो केक काटना है...आँ... हाँ...भई रंजना! केक पर मोमबत्तियाँ तो जलाओ...हमार मालती आज कितने साल की हो गई...बताओ बच्चों...

बच्चे एक साथ : आठ साल की...

डॉ. नताशा : चलो मालती! एक मोमबत्ती पर फूँक मारो...और एक जली रहने दो
(फूँक मारने की आवाज़)

सभी बच्चे : हैप्पी बर्थ-डे मालती...हैप्पी बर्थ-डे टू यू...

रंजना : केक तो काटो मालती!

(सब ताली बजाते हैं)
चलो...भई! अब सबको केक मिलेगा...
(बच्चों का शोर)
(शोर धीमा होता है)

डॉ. नताशा : अरे सरपंच जी! आप कब आये?

सरपंच : बस, अभी थोड़ी देर पहले...डॉक्टर साहिबा! आप यहाँ बच्चों का जन्मदिन मनाती हैं, ये तो आप बहुत अच्छा करती हैं...

डॉ. नताशा : वैसे तो हम यहाँ सभी बच्चों का जन्मदिन मनाते हैं, लेकिन लड़कियों का जन्मदिन कुछ ख़ास ही मनाते हैं। सरपंच जी! क्या है ना...लड़कों का जन्मदिन तो ज्यादातर लोग मनाते हैं। लेकिन लड़कियों का जन्मदिन अक्सर भूल जाते हैं। इसलिये, कोई लड़की हमारे यहाँ पढ़ने आती है, तो हम उसका जन्मदिन ज़रूर मनाते हैं...ताकि उसको भी अहसास हो कि दुनिया में उसकी भी चाहना है। उसके सिर के ऊपर जो आकाश है वो सिर्फ़ लड़कों का ही नहीं है, बल्कि उसका भी है...अरे! मैं तो भूल ही गई। सरपंच जी! आप आये हैं कुछ काम था?

सरपंच : बिटिया!...ओ सॉरी...मेरे मुँह से बिटिया निकल गया... डॉक्टरनी साहिबा!

डॉ. नताशा : आप तो मेरे पिता की उम्र के हैं आप तो मुझे कुछ भी कह सकते हैं। आप मुझे बिटिया कहियेगा...मुझे अच्छा लगेगा...कहिये, क्या काम था?

सरपंच : बिटिया! पंचायत की बैठक हुई थी। सभी तु हारे काम की बड़ी तारीफ़ कर रहे थे। सबने मिलकर फैसला किया है कि तु हारे इस 'ज्ञान-शक्ति पुंज' को पंचायत की तरफ से दस हजार रुपये महीना दिये जायेंगे...

डॉ. नताशा : थैंक्यू सरपंच जी! थैंक्यू...इससे तो हमें थोड़ी सहूलियत हो जायेगी। हालांकि हमारी इस संस्था में सब वॉलंटियरली काम करते हैं, लेकिन फिर भी छोटी-मोटी ज़रूरतों के लिये पैसे की ज़रूरत तो पड़ती है...थैंक्यू! सरपंच जी! एक बार फिर थैंक्यू।

सरपंच : किसी और भी प्रकार के सहयोग की जरूरत हो, तो ज़रूर बताना। अगर संभव होगा तो मैं जरूर सहयोग करूँगा।

डॉ. नताशा : ज़रूर बताऊँगी सरपंच जी!

दृश्य सं. 6

ज्ञान-शक्ति पुंज

[पात्रः-नताशा; महेश]

नताशा : महेश जी! महेश जी! (पुकारती है)...

महेश : जी मैडम जी!

नताशा : मैं बड़ी देर से देख रही हूँ तुम ऑफिस के बाहर ही खड़े हो। कुछ काम है क्या?

महेश : मैडम जी! काम तो है, लेकिन क्या करूँ बड़ी देर से आपके पास कोई-न-कोई बैठा हुआ था। अब आप खाली हुई हैं, तो सोच रहा था अब भीतर चलूँ...

नताशा : तो आओ ना...

(पदचाप; कुर्सी खिसका कर बैठने की आवाज़)

बोलो

महेश : मैडम जी! उस दिन आप कह रहीं थी ना...बात सिर्फ़ गाँव की सड़क से चौधरी नफ़े सिंह का ठेका हटवाने की नहीं है, बल्कि बात कुछ और भी है जो चौधरी नफ़े सिंह इतना खफ़ा है।

नताशा : हाँ-हाँ...अरे अभी चार दिन पहले मुझे फोन पर फिर धमकी दे रहा था।

महेश : मैडम जी! धमकी तो वो आपको देगा ही...आपने उसका बेड़ा गर्क जो कर दिया है।

नताशा : क्या मतलब?

महेश : मैडम जी! मैने सब पता लगा लिया है वो आपसे इतना क्यों खफा है...मैडम जी! चौधरी नफ़े सिंह का कोई एक धंधा नहीं है, बल्कि कई धंधे हैं। बड़े गाँव के पास जो एक नर्सिंग होम है वो उसी का है। उसमें वो लोगों की सेवा कम अवैध धंधे ज़्यादा करता है। उसमें डॉक्टर भी उसके जैसे हैं। मैडम जी! अपने नर्सिंग होम में उसने अल्ट्रासाऊंड...सोनोग्राफी...और और भी मशीने लगाई हुई हैं जिससे जन्म से पूर्व गर्भ में पल रहे शिशु के लड़का या लड़की होने की जाँच हो जाती है। मैडम जी! अपने प्रदेश में बहुत सारे माँ-बापों के मन में लड़कियों को लेकर ना जाने क्या हीन भावना है कि वो लड़कियों को अपने घर में पैदा ही नहीं होने देना चाहते। ऐसे माँ-बाप जन्म से पूर्व शिशु

के लिंग की जाँच के लिये उसके ही नर्सिंग होम में जाते हैं।

नताशा : और ये जाँच उसके नर्सिंग होम में होती है?

महेश : हाँ मैडम जी! हाँ

नताशा : मगर ये तो इंल्लीगल है। सरकार ने इसे रोकने के लिये बड़ा स त कानून बनाया है।,

महेश : उसे लीगल और इंल्लीगल से क्या मतलब है मैडम जी उसे तो बस पैसे कमाने से मतलब है। और यही नहीं जो माँ-बाप ये जानकर कि उनके यहाँ लड़की आने वाली है...गर्भपात करवाना चाहते हैं उसके लिये भी उसके नर्सिंग होम के डॉक्टर तुरंत तैयार रहते हैं। कई बार तो वो गर्भ की ऐसी अवस्था में भी अवॉर्शन कर देते हैं कि माँ की जान को भी ख़तरा बना रहता है। जिस श स ने मुझे ये जानकारी दी है उसने मुझे ये भी बताया...ऐसे अवॉर्शन में उस नर्सिंग होम में कई माँओं की जान भी जा चुकी है...लेकिन नर्सिंग होम वाले इसका पता नहीं लगने देते। और हाँ... उस श स ने ये भी बताया दो साल पहले एक कूड़ा घर से जो भ्रूणों के शव मिले थे वो इसी नर्सिंग होम के थे, लेकिन पुलिस की मिली भगत के कारण नर्सिंग होम का कुछ भी ना बिगड़ा...।

नताशा : ओ फ!

महेश : मैडम जी! मगर क्या हुआ है ना...जबसे आपने ये ज्ञान शक्ति पुंज चलाया है ना...जगह-जगह घूमकर आपने जो भ्रूण-हत्या के खिलाफ...लिंग-निर्धारण के खिलाफ जो प्रचार किया है ना...उससे इस इलाके में बड़ी जाग्रति आई है। लड़कियाँ जो स्कूल में पढ़ने आने लगी हैं...लड़कियों की जो कद्र होने लगी है उससे चौधरी नफ़े सिंह के नर्सिंग होम के धंधे पर बहुत बुरा असर पड़ा है। नर्सिंग होम से उसकी कमाई आधी भी नहीं रह गई है।

नताशा : ये तो तुमने बहुत अच्छी बात सुनाई महेश जी! लड़कियाँ समाज में स मान पायें...अपना स्थान पायें...यही तो हम चाहते हैं...यही तो हमारा मिशन है।

महेश : पर चौधरी नफ़े सिंह का मिशन तो इससे बिगड़ गया है ना मैडम जी!! तब ही तो आप उसको उसकी दुश्मन नज़र आ रही हो।

नताशा : महेश जी! हमें उसके नर्सिंग होम की पुलिस में रिपोर्ट करनी चाहिये।

महेश : मैडम जी! कोई फायदा नहीं होगा। आपने उसकी रिपोर्ट करके देख तो लिया है। ये निचले अफसरों से मिलकर कोई लाभ नहीं होगा। अगर आप चाहती हैं कि उसपर कार्यवाही हो, तो हमें हायर रैंक के पुलिस ऑफिसर से मिलना होगा। शायद वहाँ हमारी बात बन जाये...

नताशा : ठीक है। अब हम हायर रैंक के पुलिस-अधिकारी को ही मिलेंगे।

महेश : मैडम जी! एक बात और

नताशा : बोलिये।

महेश : चौधरी नफ़े सिंह पारो का धंधा भी करता है

नताशा : पारो!!

महेश : मैडम जी! शादी के बास्ते या वैसे ही जो लड़कियाँ दूसरे प्रांतों से भगाकर या खरीद कर हमारे प्रांत में लाई जाती हैं उसे हम लोकल भाषा में पारो बोलते हैं। मैडम जी! क्या है ना... लोगों में लड़की पैदा होने की हीन भावना के कारण आज हमारे प्रांत में लड़कियों की भारी कमी है। सरकारी आँकड़ों के अनुसार एक हज़ार लड़कों के पीछे सिर्फ़ आठ सौ सत्तावन लड़कियाँ हैं। याने विवाह-योग्य बहुत सारे लड़कों के लिये लड़कियाँ हैं ही नहीं। ऐसे में नफ़े सिंह जैसे घटिया लोगों की चाँदी है। चौधरी नफ़े सिंह या उसके जैसे लोगों ने उड़ीसा, बंगाल, मध्यप्रदेश, साऊथ इंडिया और ईस्ट इंडिया के ग़रीब इलाकों में अपने आदमी छोड़े हुये हैं जो वहाँ से लड़कियों को खरीद कर या भगाकर लाते हैं और यहाँ लाकर ज़रूरत मंद कुंवारों को बेच देते हैं। कई बार तो एक-एक लड़की को कई-कई बार बेच देते हैं। बहुत अच्छी कीमत मिलती है उन्हें इसकी।

नताशा : ये तुम किस ज़माने की बात कर रहे हो महेश जी!

महेश : मैं इसी ज़माने की बात कर रहा हूँ मैडम!...मैडम जी! अगर आप अपना मिशन यूँ ही चलाये रहीं और आपकी तरह और लोग भी इसी तरह के मिशन में लगे रहे, तो आगे चलकर चौधरी नफ़े सिंह जैसे लोगों का धंधा चौपट होने ही वाला है।

नताशा : वास्तव में, ये तो बहुत सीरियस मैटर है। अब तो हमे चौधरी नफ़े सिंह के खिलाफ़ एक्शन लेने के लिये पुलिस के किसी बड़े अधिकारी से मिलना ही पड़ेगा।

दृश्य सं. 7

डी.सी.पी. का द. तर

[पात्रः-नताशा; महेश; डी.सी.पी.]

ए.एस.पी. : आइये...आइये...तशरीफ़ रखिये।
(कुर्सियाँ खिसकने की आवाज़)

नताशा : सर! फिर हम क्या समझें?

ए.एस.पी. : देखिये, आपने जो भी कुछ लिख के दिया है वो मैंने पढ़ लिया है। नफ़े सिंह नाम के आदमी के खिलाफ पहले भी मेरे पास शिकायत आई हैं और ये भी शिकायत है कि हमारे कुछ पुलिस कर्मी उसके साथ मिले हुये हैं...हमने तब भी कार्यवाही की थी, लेकिन ठोस सबूत ना होने के कारण हम कुछ कर नहीं पाये...

नताशा : इसका मतलब नफ़े सिंह का कभी कुछ नहीं होगा ए.एस.पी. साहब!

ए.एस.पी. : मैंने ऐसा तो नहीं कहा। देखिये, पिछले दिनों हमारे महकमे पर थोड़ा कुछ और कामों का ज़ोर था। इसलिये, नफ़े सिंह के मामले में ढ़िलाई रही। लेकिन अब हम फिर से इसको प्रायरटी पे लेंगे...

नताशा : थैंक्यू सर!

ए.एस.पी. : लेकिन डॉक्टर नताशा! यही नाम है ना आपका?

नताशा : जी।

ए.एस.पी. : देखिये डॉक्टर नताशा! हमें इस मामले में जानकारी पु ता चाहिये...आप लोग इसमें हमारी मदद करें, तो हम इसके लिये आपके आभारी रहेंगे।

महेश : सर! उसकी आप चिंता न करें। मैं ऐसे लोगों के संपर्क में हूँ जो चौधरी नफ़े सिंह के सताये हुये हैं और जो चौधरी नफ़े सिंह के हर काम की जानकारी रखते हैं...।

ए.एस.पी. : वो नफ़े सिंह के खिलाफ़ गवाही देंगे?

महेश : देखिये साहब! ये तो मैं अभी कुछ नहीं कह सकता, लेकिन हाँ...अगर नफ़े सिंह पकड़ा गया, तो वो ज़रूर सामने आ जायेंगे।

ए.एस.पी. : ओके...डोंट बरी डॉक्टर नताशा! हम जल्दी ऐक्शन लेंगे। अब चौधरी नफ़े सिंह बचेगा नहीं।

नताशा : थैंक्यू!...थैंक्यू सर!

ये आकाश मेरा भी है
(भाग-7)

दृश्य सं. 1

नताशा का घर

[पात्रः-नताशा; नफ़े सिंह]

(फोन की घंटी आवाज़)

(फोन उठाने की आवाज़)

नताशा : (चुनींदी-सी) ओ फो! इतनी रात को किसका फोन आ गया। ये पेशैंट भी...हैलो!

चौधरी नफ़े सिंह : नमस्कार मैडम जी!

नताशा : कौन?

चौधरी नफ़े सिंह : लो जी...हम तो सोच रहे थे अब तो डॉक्टरनी साहिबा को हमारी आवाज़ की पिछान हो गई होगी...छी! छी! छी! कितनी कमज़ोर याददाश्त है आपकी...

नताशा : कौन...कौन...नफ़े सिंह?

चौधरी नफ़े सिंह : (हँसता है) अरे! इतनी रात को इस नाचीज़ के अलावा और कौन याद कर सकता है आपको...डॉक्टरनी साहिबा! मेरे बारबार समझाने पर भी आप मान नहीं रहीं हैं...आप तो ए.एस.पी. पे पहुँच गई...ठीक है...निकाल लो मन की...जितनी निकालनी है...लेकिन कुछ नहीं होने वाला...पर एक बात जान लो मैडम जी! हर चीज की एक हद होती है...अभी तो मैं आपसे आप-आप करके बात कर रहा हूँ, लेकिन जिस दिन आपसे तू पर आ गया...उस दिन अपने बीमे वालों को फोन कर देना...और अपने हसबैंड जी को भी मैंटली रेडी कर देना बीमे की...वो क्या कहते हैं...हाँ...राशि लेने के लिये...एक बार फिर वार्निंग दे रहा हूँ...बंद कर दो अपना ये ज्ञान-शक-शक्ति...पुं-पुंज...

साला! अपने को तो नाम लेना भी नहीं आता...क्यों फालतू में मुसीबत ले रही हो?...

नताशा : मुसीबत लेने का तो मुझे शौक़ है...तू उसकी फ़िक्र ना कर। अब तो तू अपनी फ़िक्र मना। तेरा ये काला कारोबार अब ज़्यादा दिन चलने वाला नहीं...

चौधरी नफ़े सिंह : (हँसता है) अच्छा!...लो भई! ज्योतिषी महाराज ने भविष्य-वाणी कर दी। अब देखना यह है कि किस की बात सच निकलती है...मेरी या आपकी...(जोर से हँसता है)

दृश्य सं. 2

ज्ञान-शक्ति पुंज

[पात्र:-रंजना; नताशा; कुछ लड़कियाँ]

रंजना : हाँ तो बच्चों! कल मैंने तु हें कित्तूर की रानी चेन्नमा के बारे में बताया था। अब कोई मुझे बतायेगा कि वो किनके खिलाफ़ लड़ी थी...रश्मि! तुम बताओ।

रश्मि : दीदी जी! अंग्रेजों के खिलाफ़...

रंजना : ठीक और कित्तूर आजकल के किस प्रांत में होता था...गोमती!...

गोमती : जी दीदी जी!

रंजना : तुम बताओ

गोमती : कर्नाटक में

रंजना : गुड...तो बच्चों! आज मैं तु हें फिर एक ऐसी ही बहादुर महिला के बारे में बताऊँगी। बच्चों! तुमने कभी झाँसी की रानी के बारे में सुना है...नहीं सुना...कोई बात नहीं...मैं तु हें बताती हूँ...कित्तूर की रानी चेन्नमा की तरह झाँसी की रानी थी लक्ष्मी बाई। निडर, बहादुर और जाँबाज़...

रश्मि : जाँबाज़ मतलब

रंजना : जाँबाज़ मतलब जान की बाज़ी लगा देने वाली। कित्तूर की रानी चेन मा की तरह झाँसी की रानी ने भी अपनी झाँसी को बचाने के लिये अंग्रेज़ों से लोहा लिया था। वो एक औरत थीं, लेकिन बहादुरी में उन्होंने मर्दों को भी पीछे छोड़ दिया था। सन् 1857 में अंग्रेजों के खिलाफ़ जो पहली आज़ादी की लड़ाई हिन्दुस्तानियों ने लड़ी...उसमें रानी लक्ष्मी बाई का नाम पहली पंक्ति में आता

है (डॉक्टर नताशा का आगमन)

नताशा : मे आई कम इन मैडम!

रंजना : अरे मैम! आइये-आइये...

नताशा : झाँसी की रानी लक्ष्मी बाई के बारे में पढ़ाया जा रहा है आज...

रंजना : जी मैम!

नताशा : बच्चों! तुमसे एक बात पूछूँ

दो-तीन लड़कियाँ : पूछिये मैम!

नताशा : बच्चों! तु हारी रंजना दीदी तु हें रोज़ एक-ना-एक बहादुर महिला की कहानी सुनाती है। क्यों?

एक लड़की : ताकि हम भी इन महान नारियों की तरह बनें...

दूसरी लड़की : मैम मैं...मैम मैं

नताशा : हाँ...हाँ तुम बोलो।

दूसरी लड़की : ताकि हम भी इन नारियों के जीवन से प्रेरणा लें।

नताशा : बिल्कुल ठीक। बच्चों! रंजना दीदी ने तु हें कौन-कौन सी महान स्त्रियों के बारे में बताया है। कोई बतायेगा...हर प्रीत तुम बताओ...

हरप्रीत: मैम!...इंदिरा गाँधी; सरोजनी नायडू; चाँद बीवी; देवी चौधुरानी और...और...(याद करती है)

पहली लड़की : मैम! मैं बताऊँ

नताशा : हाँ-हाँ

पहली लड़की : रज़िया सुल्तान; हाड़ी रानी; अरुणा आसफ अली; कल्पना चावला; बेग़म हज़रत महल...

नताशा : बस...बस...बस। बच्चों! ये सब ऐसी बहादुर और महान महिलायें हैं जिन्होंने स्त्री जाति का सिर गौरव से ऊँचा किया। कैसे भी हालात इन्हें आगे बढ़ने से रोक नहीं पाये। बच्चों! जहाँ चाह वहाँ राह...आज लड़कियाँ जीवन के हर क्षेत्र में तेज़ी से आगे बढ़ रही हैं...कौन-सा ऐसा फील्ड है जिसमें वो महिलाओं का नाम रोशन नहीं कर रहीं। आप भी मन लगा कर पढ़ो...आगे बढ़ो...और एक दिन दुनियाँ में खूब नाम कमाओ...बोलो, कमाओगी ना...

कुछ लड़कियाँ : जी मैम! (एक साथ) बैरी गुड!...रंजना!

रंजना : जी मैम!

नताशा : आज लड़कियाँ कुछ कम नहीं लग रहीं क्लास में? मैं महिमा की क्लास में गई थी वहाँ भी मुझे लड़कियाँ कम लग रहीं थीं।

रंजना : मैम! कुछ समझ नहीं आ रहा। पिछले तीन-चार दिन से लड़कियाँ

कुछ कम ही आ रहीं हैं।

नताशा : ठीक है। मैं देखती हूँ। तुम पढ़ाओ

रंजना : जी मैंम!

दृश्य सं. 3

ज्ञान-शक्ति पुंज

[पात्रः-महेश; नताशा]

नताशा : महेश जी! क्या बात है? इतने परेशान से क्यों घूम रहे हो?

महेश : मैडम जी! (घबराया-सा) बड़ी गड़बड़ हो गई।

नताशा : क्या गड़बड़ हो गई?

महेश : मैडम जी! जिन ए.एस.पी. साहब से हम बात करके आये थे उनका ट्रान्सफर हो गया।

नताशा : हैं! ये क्या कह रहे हो?

महेश : मैं बिल्कुल ठीक कह रहा हूँ...और नफ़े सिंह के आदमी घर-घर जाकर माँ-बाप को धमका रहे हैं कि वो अपनी लड़कियों को हमारे स्कूल में पढ़ने के लिये ना भेजें।

नताशा : ओ, तो ये बात है तब ही लड़कियाँ स्कूल में कम आ रही हैं। कोई बात नहीं। इसका भी समाधान निकलेगा। लेकिन वो ए.सी.पी. साहब...उनका तबादला...।

महेश : मैडम जी! अब उन ए.एस.पी. साहब की जगह कोई महिला ए.एस.पी. आई है...चौधरी नफे सिंह के आदमी बड़े खुश हैं...महिला ए.सी.पी. उनका क्या कर लेगी?

नताशा : महिला ए.एस.पी.!! महेश जी! क्या नाम है उस महिला ए.एस.पी. का...

महेश : कोई सोनी...सोनी करके हैं।

नताशा : मानसी सोनी तो नहीं?

महेश : हाँ, मैडम जी! मानसी सोनी...मानसी सोनी नाम है उनका...

नताशा : महेश जी! महेश जी (उत्तेजित-सी) बाजी हमारे हाथ में आ गई।

महेश : कैसे मैडम जी?

नताशा : अरे! मानसी तो मेरी सहेली मनीषा की बहन है।

महेश : सच मैडम जी!!

नताशा : हाँ, महेश जी! और वो कोई अबला नहीं, बल्कि अपराधियों

के लिये बला है बला...

महेश : मैडम जी! फिर तो चौधरी नफ़े सिंह गया।

दृश्य सं. 4

पंचायत घर

[पात्रः-सरपंच; नताशा]

सरपंच : नताशा बिटिया! क्षमा चाहता हूँ। मैंने आपको इंतजार कराया। असल में, वाटर शैड मनेजमैंट की जानकारी देने सरकारी महकमें के कुछ लोग आये हुये थे...उन्हीं के साथ मीटिंग चल रही थी। खैर, आप बोलिये...

नताशा : सरपंच जी! चौधरी नफ़े सिंह हमें फिर तंग कर रहा है। लड़कियों के माँ-बाप को डरा रहा है कि वो अपनी लड़कियों को हमारे स्कूल में पढ़ने ना भेजें...

सरपंच : हाँ, ये ख़बर मेरे पास भी आई है और मैंने गाँव वालों को उसकी बात ना मानने को कहा है, पर मुझे लग रहा है अभी गाँव वालों के मन से उसका डर निकला नहीं है। बहुत बदमाश आदमी है ये...इसके गुर्गों ने हमारे गाँव में ही नहीं आसपास के गाँवों में भी आतंक मचाया हुआ है। मुझे भी बहुत तंग करता है। मैंने कई बार पुलिस में रिपोर्ट की है, लेकिन पुलिस वाले मेरे मुँह पर तो हाँ...हाँ कर देते हैं, लेकिन बाद में कुछ नहीं करते...पर बिटिया! तुम चिंता ना करो मैं तु हारे साथ हूँ।

नताशा : सरपंच जी! हमने योजना बनाई हे जो लड़कियाँ नहीं आ रही हैं, हम उन सबके घर जायेंगे और में चाहती हूँ आप हमारे साथ चलें।

सरपंच : क्यों नहीं बिटिया! मैं ज़रूर साथ चलूँगा।

नताशा : थैंक्यू सरपंच जी! आप हमारे साथ जायेंगे तो लड़कियों के माँ-बाप को हौसला मिलेगा।

सरपंच : बिटिया! तुम इतनी दूर शहर से हमारे गाँव में हम लोगों की सेवा करने के लिये आती हो...जो जाग्रति की मशाल तुमने हमारे गाँव में जलाई है मैं उसे किसी कीमत पर बुझने नहीं दूँगा। बोलो, कब चलना है?

नताशा : आज दोपहर बाद से ही...तीन बजे ठीक रहेगा। आप ज्ञान-

शक्ति पुंज ही आ जायें

सरपंच : ठीक है बिटिया आ जाऊँगा।

दृश्य सं. 5

[पात्रः-चौधरी नफ़े सिंह; जुगनू]

चौ. नफ़े सिंह : आजा बेटा जुगनू! क्या ख़बर लाया है?

जुगनू : चौधरी साहब! . ाबर अच्छी नहीं है।

चौ. नफ़े सिंह : क्या मतलब है तेरे कहने का?

जुगनू : गाँव की लड़कियाँ फिर से डॉ. नताशा के स्कूल में जाने लगी हैं।

चौ. नफ़े सिंह : उनमें इतनी हि मत कहाँ से आ गई कि चौधरी नफ़े सिंह के खिलाफ जायें।

जुगनू : चौधरी साहब। डॉ० नताशा के साथ सरपंच भी गाँव के घर-घर में लड़कियों के माँ-बाप को समझाता फिर रहा है।

चौ. नफ़े सिंह : हूँ, पहले इस सरपंच का ही कुछ करना पड़ेगा। लोग चौधरी नफ़े सिंह से ड़रना छोड़ देंगे, तो काम कैसे चलेगा...जुगनू! ये परताप सिंह कहाँ है?

जुगनू : जी!...बहुत देर से मैंने देखा नहीं

चौ. नफ़े सिंह : उसे ढूँढ...और मेरे पास भेज...

जुगनू : जी!

दृश्य सं. 6

ज्ञान-शक्ति पुंज

[पात्रः-नताशा; मानसी]

नताशा : ओ फो! ये मानसी का फोन नंबर कहाँ चला गया? मैंने फोन में फीड तो किया था...हाँ, ये रहा...मिलाती हूँ...(फोन की घंटी की आवाज़)

मानसी : हैलो!

नताशा : मानसी! मैं नताशा बोल रही हूँ। डॉक्टर नताशा

मानसी : अरे! डॉक्टर नताशा!! मनीषा दीदी की सहेली

नताशा : हाँ।

अरे दीदी! इतने दिनों बाद...आपको मेरा नंबर कहाँ से मिला?

नताशा : मैंने मनीषा से लिया था...भई! मुबारक हो ए.एस.पी. हो गई हो

मानसी : थैंक्यू दीदी! थैंक्यू!

नताशा : मानसी! मैं तुमसे ज़रा मिलना चाहती हूँ।

मानसी : यू आर मोस्ट वेलकम दीदी! आजकल आप कहाँ हैं?

नताशा : जिस इलाके में तुम पोस्टिड होके आई हो...मैं वहीं एक एन.जी.ओ. चलाती हूँ लड़कियों के लिये

मानसी : अरे हाँ, मनीषा दीदी बता तो रही थी। आप तो बहुत अच्छा काम कर रही हो।

नताशा : उसी एन.जी.ओ. को चलाने में थोड़ी प्रॉब्लम आ रही है। उसी सिलसिले में तुमसे मिलना चाहती हूँ मैं...

मानसी : तो आइये ना दीदी! कब आयेंगी?

नताशा : मैं कल आऊँगी।

मानसी : ठीक है दीदी!

दृश्य सं. 7

मानसी का ऑफिस

[पात्रः–नताशा; मानसी; महेश]

मानसी : कमाल है पुलिस की नाक के नीचे ये सब चल रहा है और पुलिस की तरफ़ से कोई कार्यवाही नहीं...नताशा दीदी! ये...ये वहाँ के लोकल थाने में भी रिपोर्ट लिखाई हुई है...ये उसी एफ.आई.आर. की कॉपी है ना।

नताशा : हाँ।

मानसी : छी! हमारे ही डिपार्टमैंट के कुछ बेईमान अधिकारियों की वज़ह से हमारी पूरी पुलिस–फोर्स बदनाम होती है, पर नताशा दीदी! आप बिल्कुल फ़िक्र ना कीजिये...अपराधी जल्दी ही पुलिस की गिर त में होंगे।

नताशा : मैं तुमसे यही उ मीद रखती हूँ मानसी!

मानसी : दीदी! उ मीद मत रखिये। मुझ पर पूरा विश्वास कीजिये... आप कितना अच्छा काम कर रही हैं इस एरिया में...आपकी कोशिशें मैं बेकार नहीं जाने दूँगी। पर हाँ, जो जानकारी आपने मुझे दी हैं इसके अलावा भी जो जानकारी आपको चौधरी नफ़े सिंह के

काले कामों के बारे में मिले...मुझ तक ज़रूर पहुँचा दें।

महेश : मैडम जी! जैसे ही कोई जानकारी मिलेगी हम आप तक ज़रूर पहुँचायेंगे।

नताशा : मानसी! कभी हमारे एन.जी.ओ. में आओ ना...और देखो... हम लोग क्या कर रहे हैं...मेरे स्कूल में आने वाली लड़कियों को तो तुमसे प्रेरणा मिलेगी। प्रैक्टिकली एक लड़की जिसने अबला से सबला बन कर दिखाया है उनके सामने होगी।

मानसी : मैं आऊँगी...और ज़रूर आऊँगी नताशा दीदी!

नताशा : अच्छा मानसी! अब चलते हैं...
(कुर्सी से उठने की आवाज़)

मानसी : ठीक है दीदी!

दृश्य सं. 8

मानसी का ऑफिस

[पात्रः-मानसी; कुछ पुलिस अधिकारी]

पु. अधिकारी : एस.एच.ओ. गुलाब सिंह मैडम! (पाँव पटकने की आवाज़ आपने बुलाया मैडम)!

मानसी : हाँ...भई देखो...चौधरी नफ़े सिंह के खिलाफ़ आसपास के थानों में जो भी केस दर्ज़ है उनकी डीटेल मुझे चाहिये।

पु. अधिकारी : जी मैडम!

मानसी : वैसे...आपके पास भी कोई जानकारी है इस नफ़े सिंह के बारे में।

पु. अधिकारी : मैडम जी! पुराना क्रिमिनल है...बहुत पहले एक-दो बार गिर. तार भी हुआ है...लेकिन कोई इसके खिलाफ़ गवाही ही देने नहीं आया। इसलिये छूट गया। पर अब तो पीछे कितने सालों से पकड़ा भी नहीं गया...

मानसी : इसका मतलब शातिर है। इसको जेल भेजने के लिये तो पूरी रणनीति बनानी पड़ेगी।

पु. अधिकारी : जी मैडम! आप दुरुस्त फरमाती हैं

मानसी : ठीक है। आप जाइये। पर जो डीटेल्स मैंने आपसे माँगी है वो आज शाम तक मुझे मुहैया करा दें।

पु अधिकारी : जी मैडम!

दृश्य सं. 9

मानसी का ऑफिस

[पात्रः-महेश; मानसी]

(फोन की घंटी की आवाज़)

मानसी : हैलो!

महेश : मैडम जी! मैं महेश बोल रहा हूँ। डॉ. नताशा के साथ आया था ना मैं...

मानसी : हाँ...हाँ।

महेश : मैडम जी! चौधरी नफ़े सिंह के बारे में एक ख़बर देनी थी।

मानसी : हाँ...हाँ बोलो।

महेश : मैडम जी! चौधरी नफ़े सिंह के आदमी चार-पाँच लड़कियों को पारो बनाने के लिये आंध्र प्रदेश से भगा कर लाये हैं। चौधरी ने लड़कियों को अपने घर के तहखाने में छिपाकर रखा है। दो-चार दिन में लड़कियों का सौदा हो जायेगा। आप इससे पहले ही उसके घर पर रेड करके दें, तो सब पकड़ में आ जायेंगे।

मानसी : (फोन रखने की आवाज़) जिले सिंह!...(आवाज़ लगाती है)

जिले सिंह : जी मैडम!

मानसी : इन्सपैक्टर नसीब सिंह और कॉन्सटेबल मधुमिता, क्या हुआ ?चौधरी नफ़े सिंह के नर्सिंग होम मिशन अल्ट्रा साऊंड पर गये थे।

जिले सिंह : मैडम! वो अभी लौटे नहीं है

मानसी : ठीक है। दोपहर बाद तीन बजे सब ऑफिसर्स को कॉन्फ्रेंस रूम में बुलाओ। अर्जेंट मीटिंग करनी है। इन्सपैक्टर नसीव सिंह और मधुमिता चौधरी कान्सटेबल भी लौटें, तो उन्हें कॉन्फ्रेंस रूम ही भेज दो।

ज़िले सिंह : जी मैडम!

दृश्य सं. 10

कॉन्फ्रेंस रूम

[पात्रः-ए.सी.पी. मानसी; कुछ पुलिस वाले]

मानसी : सब ऑफिसर्स आ गये?

ज़िले सिंह : जी मैम!

मानसी : इन्सपैक्टर नसीब सिंह और कॉन्सटेबल मधुमिता सिंह?

इन्सपैक्टर सिंह : मैडम! हम यहाँ हैं

मानसी : सबसे पहले तुम ही बताओ। तुम दोनों चौधरी नफ़े सिंह के नर्सिंग होम गये थे। क्या हुआ?

इ. नसीब सिंह : मैडम! रिजल्ट पॉज़िटिव है। मैं और मधुमिता पति-पत्नी बनकर नफे सिंह नर्सिंग होम गये थे। हमने वहाँ जन्म से पूर्व गर्भ में लड़का या लड़की होने की जाँच कराने की बात की। पहले तो वो नहीं माने, लेकिन बार-बार मिन्नत करने पर मान गये। पर बड़ी मोटी फीस की डिमांड की। घर से पैसे लाने की बात कह कर हम निकल कर आ गये। हमने उनकी सारी बात हिडन कैमरे से रिकार्ड की है।

मानसी : गुड! तो आफिसर्स आज हम चौधरी नफ़े सिंह के घर पर और उसके नर्सिंग होम पर एक साथ रेड़ मारेंगे।

एक ऑफिसर : जी मैडम!

मानसी : एक टीम चौधरी नफ़े सिंह के घर पर जायेंगी। पता चला है कि उसने अपने घर के तहखाने में चार लड़कियों को छिपा कर रखा है...और दूसरी टीम नर्सिंग होम जायेगी। इन्सपैक्टर नसीब सिंह और कॉन्सटेबल मधुमिता पहले नर्सिंग होम जायेंगे। वो जहाँ सौदे-बाजी करेंगे और जैसे ही ये दोनों सिग्नल देंगे...बाकी लोग ाी अंदर जायेंगे। मैं पहली टीम के साथ नफ़े सिंह के घर जाऊँगी...इज़ इट क्लीयर...

कोई पु. ऑफीसर : यैस मैम!

नताशा : ठीक है। हम साढ़े चार फिर मिलते हैं ओके...
(बहुत सारे जूतों की आवाज़)

दृश्य सं. 11

ज्ञान-शक्ति मंदिर

[पात्रः-महेश; नताशा]

महेश : (उत्तेजित-सा) मैडम जी! मैडम जी!...(लगभग चिल्लाता हुआ)...

नताशा : क्या हुआ महेश! क्यों इतना चिल्ला रहे हो?

महेश : (हाँफता हुआ) मैडम जी! मानसी मैडम अपने मिशन में कामयाब रहीं। हम तो सोच रहे थे नफ़े सिंह के घर में तीन-चार लड़कियाँ होंगी, लेकिन उसके घर के तहख़ाने में से पूरी दस लड़कियाँ निकलीं...

नताशा : ओ नो...।

महेश : और मैडम जी! नफ़े सिंह के नर्सिंग होम का लाइसैंस भी कैंसल हो गया। सब रंगे हाथ पकड़े गये।

नताशा : गुड!...महेश! बहुत अच्छी ख़बर लाये हो। अब हम अपना ज्ञान-शक्ति पुंज बहुत अच्छे-से चला पायेंगे। पर महेश! कभी-कभी मैं सोचती हूँ...चौधरी नफ़े सिंह जैसे अपराधी तो बाद में तस्वीर में आते हैं, पहले तो दोषी हमारे समाज के वो लोग हैं जिन्होंने लड़कियों के प्रति कैसी गली-सड़ी सोच बना रखी है। जो लड़कियों को लड़कों से दोयम दर्ज़े का मानते हैं। जो लड़कियों को या तो पैदा ही नहीं होने देते...या फिर उन्हें जीवन भर अहसास दिलाते रहते हैं कि वो लड़कियाँ हैं और उन्हें हमेशा लड़कों से पीछे ही रहना चाहिये। महेश जी! माना कि लड़कियाँ शरीर से निर्बल हैं और सुरक्षा की दृष्टि से हमें उनकी ज़्यादा परवाह करनी पड़ती है... दहेज जैसी कुप्रथा भी माँ-बाप को डराती है...लेकिन इसका मतलब ये तो नहीं कि हम डर कर उन्हें जन्म देना ही छोड़ दें...या उन्हें हमेशा पीछे रखें। समाज तेजी से बदल रहा है...ऐसे लोगों को भी अपनी सोच को बदलना होगा...लड़का हो या लड़की...इस संसार को चलाने के लिये दोनों की ज़रूरत है...अगर लड़कों को तरक्की करने का अधिकार है तो लड़कियों को भी तरक्की करने का बराबर का अधिकार है...इस बीच कविता के बोल नताशा के कानों में पड़ते हैं
(दूर से आते स्वर)
हमको लिखना है हमको पढ़ना है...
जीवन में हमको आगे बढ़ना है...
महेश जी! लगता है रंजना ने लड़कियों को कोई नई कविता सिखाई हैं। आओ हम भी सुनें

महेश : जी मैडम जी!

लड़कियाँ : **(कविता के स्वर मुखर होते हैं)**
हमको लिखना है, हमको पढ़ना है

जीवन में हमको, आगे बढ़ना है
चौका-चूल्हा, झाड़ू-पौंछा भाग नहीं बस अपना है
अपनी आँखों में भी अपनी उन्नति का एक सपना है
हालात हो कैसे भी हमको नहीं डरना है
हमको लिखना है, हमको...
काम बराबर नाम बराबर, भेद-भाव फिर कैसा
हमको भी स मान चाहिये पापा-भैया जैसा
हक़ के लिये अब तो हमको लड़ना है
हमको लिखना है, हमको...
लड़की है कमज़ोर ये अब कोई कह ना पाये
अबला समझके अब ना हमें कोई सताये
जुल्म के आगे अब हमको नहीं झुकना है
हमको लिखना है, हमको पढ़ना है
जीवन में हमको आगे बढ़ना है

'ये आकाश मेरा भी है'

कृति पर- प्रतिष्ठित साहित्यकारों के समीक्षात्मक विचार

बेटी को लेकर समाज के एक वर्ग की मानसिकता को नाटककार ने प्रतिनिधि पात्रों के माध्यम से सफलतापूर्वक उकेरा है। नाटक में शब्द अपने चयन और उच्चारण की सहायता से पाठक/श्रोता की आँखों के आगे एक चित्र बनाते है। 'जरा पल्लू और डिजाइनर होता...' जैसे संवाद मानवीय स्वभाव के महीन बिदुओं को पकड़ने की लेखक की क्षमता के द्योतक हैं। इस सृजनात्मक सफलता के लिए लेखक को बधाई।

—संजय भारद्वाज

रचनाकार डॉ. रमेश मिलन द्वारा लिखित यह धारावाहिक नाटक 'ये आकाश मेरा भी है', भ्रूण हत्या जैसे संवेदनशील विषय से आरंभ होकर कड़ी-दर-कड़ी स्त्री मन की भावनाओं को परत-दर-परत चित्रित करने में सर्वथा सफल है। अनुभूतियों की ऐसी संवेदनशील अभिव्यक्ति बिल्कुल एक मनोवैज्ञानिक की भाँति... विश्लेषित, भावनाओं से ओतप्रोत... यह एक संवेदनशील रचनाकार की संवेदनशील कलम ही कर सकती है।

—वीनु जमुआर

बेटियों की कारूणिक कथा को लेखक ने जिस प्रभावशाली ढ़ग से चित्रित किया है, उस व्यथा को मैंने स्वयं अंग-प्रत्यंग से अनुभव किया है - आज तक गर्भपात की समस्या एक प्रश्नचिह्न बन कर रह गई है, वड़ा दर्द उभरता है। अपनी ही संतान के प्रति ऐसा भेदभाव क्यों करती हैं माताएँ !

समाज की मानसिकता को बदलने का प्रयास हर नागरिक को करना होगा - अंतर्चेतना को जगाना होगा- एक ऐसा समय भी आएगा कि गर्भ से उभरता कारूणिक स्वर, आत्मीय पुकार प्रत्येक गर्भधारी माता की अंतर्रात्मा को जगाएगी।

—माया मीरपुरी

नाटक की प्रमुख पात्र मनीषा की अतीत की स्मृतियाँ उस गर्भ में पलती संतान को जन्म देने से डरती हैं, पिता सकारात्मक सोच रखते हैं और वात्सल्य की मूर्ति हैं। माता स्त्री जाति के खिलाफ है और लड़की को बोझ समझती है।

—ऋता सिंह

नाटक में माँ का एक अजन्मी बच्ची के साथ मार्मिक संवाद और माँ का हृदय परिवर्तन होना, पश्चाताप एवं एक सकारात्मक निर्णय के साथ बेटी को जन्म देने का विचार करना - एक सामाजिक विचारधारा की जीत... लेखक को बधाई !

—आशु गुप्ता

बहुत ही सशक्त, सटीक एवं सफल धारावाहिक नाटक है। मनीषा का बेटी को जन्म न देने का निर्णय स्वयं झेले भेदभाव की नीति व लड़की के प्रति असुरक्षा की भावना पर आधारित है जो उसकी कमजोर भावना को दर्शाता है, अंततः वह उससे उवर जाती है। लेखकीय अभिव्यक्ति सराहनीय है।

—अलका अग्रवाल

देश की बेटियों की व्यथा को चित्रित करने वाला नाटक समापन तक पहुँचते हुए एक स्वस्थ एवं सशक्त संदेश देकर अपने उद्देश्य में सफल हो जाता है। नाटक की सहज-सरस भाषा तथा पात्रों के प्रभावी संवाद प्रशंसनीय एवं हृदयस्पर्शी हैं।

—श्यामलता गुप्ता